2020年国家社科基金项目中国社会治理制度现代化协同建构研究（20BZZ042）

光明社科文库
GUANGMING DAILY PRESS:
A SOCIAL SCIENCE SERIES

·经济与管理书系·

管理场域中的社会资本

张继亮　王映雪　王佳薇 ｜著

光明日报出版社

图书在版编目（CIP）数据

管理场域中的社会资本 / 张继亮，王映雪，王佳薇
著 . -- 北京：光明日报出版社，2021. 9
ISBN 978 - 7 - 5194 - 6292 - 5

Ⅰ . ①管… Ⅱ . ①张… ②王… ③王… Ⅲ . ①社会资
本—管理—研究 Ⅳ . ①F014. 391

中国版本图书馆 CIP 数据核字（2021）第 178181 号

管理场域中的社会资本
GUANLI CHANGYUZHONG DE SHEHUI ZIBEN

著　　者：张继亮　王映雪　王佳薇			
责任编辑：史　宁	责任校对：郭嘉欣		
封面设计：中联华文	责任印制：曹　净		

出版发行：光明日报出版社

地　　址：北京市西城区永安路 106 号，100050

电　　话：010 - 63169890（咨询），010 - 63131930（邮购）

传　　真：010 - 63131930

网　　址：http：//book. gmw. cn

E - mail：gmrbcbs@ gmw. cn

法律顾问：北京市兰台律师事务所龚柳方律师

印　　刷：三河市华东印刷有限公司

装　　订：三河市华东印刷有限公司

本书如有破损、缺页、装订错误，请与本社联系调换，电话：010 - 63131930

开　　本：170mm×240mm

字　　数：180 千字　　　　　　　　印　　张：15

版　　次：2022 年 3 月第 1 版　　　印　　次：2022 年 3 月第 1 次印刷

书　　号：ISBN 978 - 7 - 5194 - 6292 - 5

定　　价：95. 00 元

目　录
CONTENTS

绪　论

一、资源：社会资本与管理的契合性

在对管理的若干不同解释当中，"资源管理观"是具有代表性的。芮明杰在《管理学：现代的观点》中将管理定义为，"对组织的资源进行有效整合以达成组织既定目标与责任的动态创造性活动……管理的核心在于对现实资源的有效整合。"① 这是对管理的一种资源性解释。资源的识别、配置与整合被看作是管理的重要内容。具有相似观点的如陶学荣等认为，"管理就是管理者在特定环境和条件下，对组织的有限资源通过计划、组织、领导和控制进行有效的整合和配置，以实现组织既定目标的活动。"② 因此，现代管理有必要确立一种科学的资源观。科学的资源观应大体包括这样一些内容：

---

① 芮明杰. 管理学：现代的观点 [M]. 第二版. 上海：上海人民出版社，2005：15.
② 陶学荣. 现代管理学 [M]. 南昌：江西出版集团，2007：1－2.

资源是有限的，部分资源是稀缺的，稀缺性资源对组织发展是至关重要的；为了实现组织目标，必须认清组织可以依托的资源有哪些，并想尽一切办法扩展有价值资源；对组织资源的优化配置可以达到事半功倍的效果。兼具资源属性和资源配置功能的社会资本的引入，对于管理这一资源性活动具有重要意义。

（一）管理：一个资源配置过程

管理是以资源配置为主要内容的活动过程。管理活动的重要性是以资源的稀缺性为前提的。这类资源主要指那些具有不可复制性、供不应求性、时空限制性等特征的稀缺性资源。管理的任务就是在资源性竞争中争取更多的资源，并且合理地调配这些资源，以达到促进组织与组织中人的发展的目的。组织资源是组织发展所依托的各项要素，从管理哲学视角来看，这些资源也与组织中人的发展密切相关。从人力资本角度来看，组织中的人也是组织发展所必不可少的核心资源。从共生发展理论来看，组织与人在发展的资源依赖性方面具有极大相似性，两者互为支撑。

管理以满足组织与人的发展资源需求为目的。组织发展所依托的常规资源主要包括：人力资源、物力资源、信息资源、制度资源、文化资源等等。对组织及其成员来说，只要是对组织及个体发展起到支撑作用的资源都可以称为有价值资源；但从稀缺性角度来说，这些资源则可以具体划分为非稀缺性资源和稀缺性资源。非稀缺性资源也称为常规资源，这类资源市场存量相对较多、价值含量相对较低、竞争性和排他性相对较弱，虽然大多也是组织生存和发展所需要的资源，但这类资源对于组织来说更类似于"保健性"资源，没有不可以，多了也不会给组织带来竞争和发展上的优势。稀缺性资源则因供给总量较少且价值含量较高而具有更为明显的竞争性和排他性，它可以给组织带来竞争和发展的优势。组织对个人发展的资源性影响有时并不总是积极的。这种情况更多与体制和制度性因素有关。一个典型的例子，在金字塔式的科层制组织当中，职位、权力和政策在各组成部门及其成员心目中属于稀缺性资源。这些资源在供不应求的情况下充分显露出稀缺性特征。组织中的各部门及其成员都希望获得这些稀缺性资源以保证自身在竞争和发展中处于优势地位。

（二）社会资本：一种兼具资源配置功能的特殊资源

社会资本（Social Capital）是一种重要的社会关系资源。从 20 世纪七八十年代起，社会资本理论家布尔迪厄（Pierre Bourdieu）、科尔曼（James Coleman）、帕特南（Robert Putnam）、林南（Nan Lin）等从关系、能力、结构、资源等不同角度给社会资本下过定义。林南是社会资本资源说的典型代表。林南认为在所有关于资本的定义中，资源都是一个核心的概念。他把社会资本定义为："在目的性行动（purposive action）中被获取的和/或被动员的、嵌入在社会结构中的资源。"① 社会资本本身是一种资源，社会资本作为社会关系资源具有明显的嵌入性和生产性特征，并且它的生产性是通过

---

① 林南. 社会资本——关于社会结构与行动的理论［M］. 张磊，译. 上海：世纪出版集团，上海人民出版社，2005：28.

结构嵌入性来实现的。林南也主张，对于社会资本的研究，一定要注意区分作为一种资源的社会资本和它所能动员的其他资源之间的区别。这里的"其他资源"最一般地指向我们所熟悉的物力资源和人力资源。而这种"区分"的意义则在于一方面承认社会资本的资源属性，一方面强调社会资本的资源配置功能。社会关系与社会交往密切联系，随着交往范围的扩大，友谊得到传递，社会资本得到积累和增殖。生产性的基本含义表征了社会资本的自我增殖性，即社会资本网络的不断扩张，它的引申义更为重要，生产性意味着行为主体因社会关系资源的占有而获得了发展所需要的其他资源，这些资源经常是稀缺的，通过传统配置方式是难于获得的。林南和格兰诺维特（Mark Granovetter）对社会资本的研究同样以资源稀缺性为前提，并将研究重心定位于社会资本对稀缺性资源获取的实际意义。

　　资源配置主要有两种传统方式，即行政方式和市场方式。资源配置的行政方式也称为权力方式，更为典型的是政府组织。行政的方式带有强制性，通过制度设计以强力对组织资源进行分配。资源配置的市场方式则以企业组织为代表。市场方式遵循价值规律，考虑供需关系和成本收益。事实上，对于大多数现代组织而言，这两种方式都是交错使用的。政府组织也从公共利益角度出发考虑公共投资的产出性，企业组织也要通过行政方式解决企业内部管理问题。所以，行政的方式和市场的方式是现代几乎所有类型组织都要使用的资源配置方式。

　　社会资本似乎已经在资源配置领域对两种传统方式发起了挑战。

掌握更雄厚社会资本的行动者比其他行动者掌握更多的核心资源，这种核心资源也称为稀缺性资源，在林南那里更精确地称为"稀缺的不可复制的有价值资源"。因对这种有价值资源的占有，使得社会资本拥有者相对具有更强的资源动员能力，甚至成为组织资源配置的核心力量。社会资本的生产性体现为对组织目标实现的巨大帮助。由于这种特殊的关系型资源的存在，组织发展所需要的资源在社会资本网络内得到扩展，这种扩展经常性地超出正式组织的边界，而且是高效率的、低成本的。在缺少社会资本的组织里，仅靠行政方式和市场方式经常无法获取这些关键性资源。社会资本在跨边界资源配置方面的确较其他两者具有明显的优势。

　　资源配置因社会资本所内蕴的"友谊"而发生倾斜。社会资本以关系网络的形式出现，正如李培林所说："社会结构的一些最基本的实体要素（如家庭网络、企业组织、非正规制度）是一种既不同于市场也不同于政府的资源配置方式，它们的形成受各种历史因素、文化因素和其他非经济因素的影响……认识到'另一只看不见的手'的力量，对于理解资源配置和社会变迁的实际过程具有重要意义。"① 资源配置归根结底是人的实践活动，而又是非理性与理性的结合体，非理性的情感以"友谊"的形式对人的资源配置行动产生影响，达到固化、增进"友谊"的行为目的。布尔迪厄从场域、结构着眼分析了社会资本的资源配置功能。

　　"一个场也许可以被定义为由不同的位置之间的客观关系构成的

---

① 李培林. 再论"另一只看不见的手"[J]. 社会学研究, 1994 (1)：11.

一个网络，或一个构造。由这些位置所产生的决定性力量已经强加到占据这些位置的占有者、行动者或体制之上，这些位置是由占据者在权力（或资本）分布结构中目前的或潜在的境遇所界定的；对这些权力（或资本）的占有，也意味着对这个场的特殊利润的控制。另外，这些位置的界定还取决于这些位置与其他位置（统治性、服从性、同源性的位置等等）之间的客观关系。"①

　　布尔迪厄在这里明确强调了社会资本在资源配置中的重要作用。对于不同行动者而言，社会资本存量的不同会直接影响他的行动能力。而对于同一个社会资本网络中的不同行动者来说，社会资本是否或在多大程度上能够给其带来资源收益也会因其在网络中的位置（location）不同，有所差异。社会资本在无形中对整个网络做了一次结构性划分，既是资源的划分，也是行动能力的划分，而划分的依据仅仅是社会资本存量与质量的主体间差异。

　　总地来看，社会资本在资源配置中的优势是显而易见的。对于管理而言，这种优势首先体现在资源配置的高效率、低成本和广泛的资源动员力，并且最大限度地简化了资源配置的程序。社会资本的信任与规范要素使其具有明显的关系契约属性。交易成本经济学对非完全契约和关系契约在成本节约方面的研究已较为深入。信任和规范的要素从伦理道德层面使合作高效达成，提高了集体行动的效率。关于社会资本功能优势方面的话题在后面我们还将系统讨论，

---

① 包亚明. 布尔迪厄访谈录——文化资本与社会炼金术［M］. 上海：上海人民出版社，1997：142.

在此不再赘言。

二、管理场域中社会资本问题研究现状

从 20 世纪七八十年代布尔迪厄提出了社会资本的概念之后的四十余年间，国内外学者从没有间断对这一问题的研究。越来越多不同学科领域的学者对这个资本家族的新成员产生了深厚的兴趣。社会资本已经成为包括社会学、政治学、经济学、管理学在内的诸多学科的重要理论工具和分析视角，甚至成为一种范式。总体上来说，对于社会资本的研究，国内是晚于国外的，原因不言自明。国内对于社会资本问题的关注肇始于 21 世纪之交，是近十余年的事情。郭毅、罗家德、李培林、杨雪冬、赵延东、张文宏、刘军、燕继荣、边燕杰等一批国内知名学者最早投身于社会资本问题研究，并取得了丰硕的成果。

（一）关于社会资本概念界说

对于什么是社会资本，国外学界并没有形成一致性结论。即便如此，对于一个学术问题的研究，还是应该以研究对象的基本概念的界定和内涵分析为起点。经过多年的研究，国外学界在社会资本概念问题上基本形成了这样一些代表性观点："资源说""能力说""网络说""规范说"与"互动说"。社会资本资源观的代表人物有布尔迪厄和林南。布尔迪厄是最早系统阐释社会资本理论的学者。

"社会资本是实际的或潜在的资源的集合体，那些资源是同对某种持久性的网络的占有密不可分的，这一网络是大家共同熟悉的、

得到公认的，而且是一种体制化关系的网络。或换句话说，这一网络是同某个团体的会员制相联系的，它从集体性拥有的资本的角度为每个会员提供支持，提供为他们赢得声望的'凭证'，而对于声望则可以有各种各样的理解。这些关系也许只能存在于实际状态之中，只能存在于帮助维持这些关系的物质的和/或象征性的交换之中。"①

这意味着社会资本本身是嵌入在制度化社会关系结构当中，在现时和未来发挥一定作用的资源。人们对这一"未来"寄予美好的预期，并因此可以在社会关系资源方面进行适当的投资。林南把社会资本看作为"在目的性行动（purposive action）中被获取的和/或被动员的、嵌入在社会结构中的资源"②。可以看出，林南对社会资本的资源性理解更强调这种社会关系资源本身与其嵌入式发展之间的联系。由于社会资本具有生产性和信任关系传递效应，社会资本的拥有可以给其拥有者带来其他形式资源的回报。他提醒我们分清社会资本资源和其所能带来的资源是不同的。社会资本的资源性解读，对于管理学的研究意义重大。这将开启我们对管理资源及其配置的重新认识。

除布尔迪厄外，科尔曼、帕特南、格兰诺维特、博特、林南等社会资本领域的知名学者也分别从功能、特征等不同角度给社会资本下过定义。但是，对于管理来说，资源始终是最为关键的要素。

---

① 布尔迪厄. 文化资本与社会炼金术 [M]. 包亚明，译. 上海：上海人民出版社，1997：202.
② 林南. 社会资本——关于社会结构与行动的理论 [M]. 张磊，译. 上海：世纪出版集团，上海人民出版社，2005：28.

况且，所有其他关于社会资本的定义和解读方式，从本质来看，也并没有跳出布尔迪厄的理论范畴。

（二）社会资本与领导变革

尽管对网络组织形式的研究不断涌现，但是在领导学研究领域对领导者社会资本的研究仍然是极易被忽视的。领导者如果拥有社会资本，则可以更高效地配置资源，使人力资源、物力资源等均发挥最佳使用状态。同时，领导者也可以通过网络掌握工作的主动权，对追随者实施更有效的领导，出色地扮演领导者角色，更好地履行岗位职责。

社会资本的引入带来了领导方式的变革。决策和用人是领导的两项重要职能。领导者需要与其下属建立良性的合作关系，获得来自下属的支持。因职位和权力此类体制性因素的影响，领导者在社会资本网络中极易获得良好的位置（location）和较高的地位（position）①。正式组织的领导者应具有全局意识和战略眼光，应该把资源的视野投放到组织或内部网络之外，以开放的心态求得更好的资源支持，使组织获得更好的、更持久的发展。在博特的"结构洞"社会资本研究中，开放性、互通性是现代开放型社会资本的主要特征。现代开放社会资本理论一改以往网络自我封闭、对外排斥的保守观点，强调资源在网络间流动的重要性。丹尼尔·布拉斯（Daniel

---

① 此处借用了林南对"位置"与"地位"的区分方法，位置（location）指个体在社会资本网络中处于核心或是边缘状态，地位（position）则是与等级制社会中的体制、权力因素相关联。

Brass）和大卫·克莱克哈特（David Krackhardt）在《21世纪领导者的社会资本》一文中指出，21世纪是一个技术飞速发展、不确定性增加、环境日新月异的世纪。单靠官僚制时代的行政命令来维系领导的权力是难以奏效的。组织，包括政府、公共服务组织及私人企业在组织结构上都发生不小的变化，裁员是大趋势。组织规模正在不断缩小。伴随网络组织形式的出现，跨组织边界的领导成为领导学研究的新课题。出色的领导必须依托潜在的关系资源。把恰当的人在恰当的时间放在恰当的位置上，人与时间和空间的有机结合会使领导力和领导行为发生重大变化。

领导者可以通过强关系和弱关系两种途径获取来自社会资本网络的行动支持。强关系是社会资本网络的发展趋势和固有特征，给组织带来凝聚力。领导者一旦居于社会资本网络的核心位置，则可以充分调动组织内部的人力资源和物力资源。但过度依赖组织内部资源的后果便是领导行动资源同质化程度的加剧。格兰诺维特所提出的弱关系强度很好地实现了领导者资源行动目标的跨组织（网络）实现。经常的，组织内部网络中居于边缘位置的成员往往在这一资源行动中发挥了重要的"桥接"作用。这种"弱关系"反而能够提升资源和行动力"强度"，进而提升领导者的领导力。因此，对于领导者来说，强关系和弱关系对于领导力的影响同样需要重视。随着信息技术发展与网络联系的日益紧密，强关系对领导力的积极作用强度越来越弱，面对不确定性的挑战，弱联系则以更成功的方式获取领导力资源，特别是必要的信息。

布拉斯和克莱克哈特同时也指出，社会资本对于领导力来说虽然有促进作用，但这种促进作用的实现是有条件的，即社会资本需要与人力资本相结合。就像缺少社会资本的人力资本作用受限一样，没有人力资本的支撑，社会资本也无法有效发挥其生产性功能。如果社会资本网络成员并不占据资源优势，或者这些成员缺少应用社会关系网络来提高行动力的强烈愿望，组织结构中的优势地位并不能促成高效的领导。

(三）社会资本与民主管理

管理的民主化是当代管理的重要内涵。管理的民主化体现了以人为本的管理价值观。管理的民主化要求管理中的行为主体人，包括作为管理主体的人和管理客体的人都具有极高的参与度和参与热情。西方学者在这方面做了不少研究。

在社会资本与民主的研究方面，帕特南是最负盛名的。他在《使民主运转起来》中分析了意大利北部地区政府长达几十年的持续改革，特别是1976年至1977年以地方政府为重心的改革，其成功完全得益于民主化社区的功劳。社会资本存量的不同导致了经济发展的南北差异。社会资本造就了北部地区的社会网络、政府与社会及社会自身内部的广泛合作、平等的社会关系及民众参与传统。在帕特南的研究中，高效政府和发达经济背后蕴含着大量的社区集体活动，诸如：阅读报纸、参与体育俱乐部、建立志愿性的文化社团。在帕特南眼中，社会资本被看作重要的社会道德来源。

帕梅拉·帕西顿（Pamela Paxton）提出，社会资本对民主的影响体现在两个过程：其一是推动非民主的组织建立民主；其二是巩固并发展组织中业已存在的民主。在第一种情况中，社会资本作为主客体之间的沟通渠道可以减少管理者对普通成员的行政性干预，为组织化的反霸权力量提供了自由空间。在第二种情况中，社会资本有助于提高参与度、促进主体间合作，并协助管理者养成民主观念。伯曼（Berman，B. J.）对社会资本促进民主提出了自己的担忧，他认为社会资本的凝聚作用并非一定有助于组织与社会的广泛联合。奥尔森（Mancur Olsen）、帕特南同样认为，社会资本并非总是积极地推动民主。帕西顿总结为，社会资本是否能够推动民主，取决于拥有社会资本的组织是否试图通过信任关系寻求更广泛的合作与联合。他认为，当组织只是寻求内部信任与联合，而忽视与外界的广泛联合时，社会资本对于民主的负面影响就会显现。所以，孤立的社会资本网络并非民主发展的最好方式，只是在民主道路上走出了第一步。成员被束缚在一个固有的社会资本网络中本身是非民主的，必须通过桥接和填补结构洞的方式扩大民主的范围。

梁莹在《社会资本与公民文化的成长》一书中，阐述了社会资本对公民文化、公共参与的重要意义。公民文化的外延被界定为"公民政治认知""公民政治情感""公民政治态度""公民政治价值观"四大方面。通过对社会资本的信任、规范、网络的结构性要素分析，作者认为，社会资本在公民文化成长与培育中发挥了内源性基础作用。公民文化在社会资本的作用下得以成长，具体表现在公民权利的主张，公民积极性、主动性与创造性的发挥。从社会治理的角度看，多中心局面的形成是以公民普遍具有团结、合作与信任的公共精神，具有自我管理意识和参与意识为前提条件的。

　　黄晓东在《社会资本与政府治理》一书中，从治理主体多元化的角度，分析了社会资本在公民参与治理并与政府形成互动关系过程中的重要价值。公民参与度的提升可以提高政府治理水平与绩效。在政府与社会、政府与公民的关系分析中，黄晓东借用社会资本的信任、互惠规范和网络要素，阐明了社会资本在多元治理主体间性生成中的文化功能。社会资本成为激发社会活力、改善治理环境的理论基石。①

（四）社会资本与社区治理

　　随着社区可持续发展理念的提出，人们的注意力被集中于提高社区自治能力，以建立一个适于人居的、环境友好的、体现公平的社区。社区这个概念可以扩展至整个城市。科尔曼、福山（Francis Fukuyama）和帕特南在这方面做过较为系统的研究。他们认为，学者和政策制定者越来越倾向于这样的观点，即强大社区的建立依靠的是存量足够丰富的社会资本。杰弗里·布里杰（Jeffrey C. Bridger）在科尔曼和帕特南的基础上，对这个问题做了较为深入的分析。他本人十分推崇两部关于社会资本的著作，一个是帕特南的《使民主

---

①　主体间性是交往理论的核心概念，探讨的是具备平等主体身份的行为主体之间的关系问题。主体间性问题的管理哲学价值在于促成管理主体多元化、管理的民主化，提高管理的参与度。主体间性与主体性是互为前提且互为补充的。主体际关系中的主体间具有平等的话语权和对话环境，主体际关系也不能是脱离客体世界的纯粹的主体间关系存在，而是必须立足于共同改造客体世界的联合行动基础之上的互主体性存在。这种主体间性学说集中地蕴含于胡塞尔的现象学、哈贝马斯和马克思的交往理论当中。社会资本作为探讨社会交往实践中主体间关系的理论，对推动主体间性的生成具有重要意义。

运转起来》，另一个是福山的《信任——社会道德与繁荣的创造》。他在《社会资本可以创造社区的持久繁荣吗》一文中认为，几乎所有合作的前提都是双方互信。正是政府得到来自公众及社会组织的充分信任，才有了帕特南所总结的意大利北部地区的持续繁荣，这种繁荣是政治的、经济的和社会的，是整个社区的繁荣。他首先肯定了社会资本在创造繁荣社区中的作用。社会资本所强调的信任与合作概念本身是积极的，社会资本以自组织的方式解决了市场机制和行政手段无法解决的问题。政策制定者和政府领导人越来越关注社会资本对于社区健康发展的重要作用。但是，布里杰本人提出，需要从三个方面来重点考察社会资本对于社区发展的实际影响。

首先，布里杰认为社会资本是植根于理性行为理论的，反复的理性博弈可能对社区持久繁荣产生消极影响。人们总是运用理性来实现利益最大化，并认为科尔曼的社会资本理论就带有理性行为分析的特点。理性行为理论克服了个人中心主义的个体理性的弊病，个人中心主义的行为完全从自我利益出发，以独立的行为去实现个体的目的。科尔曼认为，理性行为与社会环境相联系，个体行为是放在社会环境中来考量的。具体来看，包括社会规范、人际信任、社会网络等。人们通过综合比较选择实现个体利益最大化的最优路径。人们倾向于信任是因为权衡了利大于弊之后的理性行为选择。布里杰对于科尔曼等人提出的理性行为观点提出了质疑，理性行为理论把信任建立在对个人短期利益克服的基础之上，问题是信任是理性选择的结果和利益计算后的选择，这种信任带有博弈性。人们并不知道选择信任是否会对长久的个人利益有积极的影响，如果对自己有利，则会坚持这种信任并继续合作；如果不利，则会采取相反的态度。这对于社区的持久健康发展是不利的。

其次，布里杰认为社会资本并不总是可以跨越一定的边界。社会资本在一个区域里发挥作用，促进某种行为，假若放在他人身上或其他领域，则可能是无用的，甚至是有伤害的。单纯地认为社会资本可以提高社区治理水平的论断是一种误导。在一个社区当中，可能有许多不同类型的组织，这些组织都存在某种网络形式的交换行为，实现互惠，并且强大的规范力量约束着成员的行为。不同的组织间也可能产生相互作用与影响。这些组织可能由本地精英分子组成，如商会、专业委员会等；也可能由非精英分子组成。精英组织和非精英组织之间可能少有往来。导致这样一种情况出现，很难实现高效合作与成功的集合行为。人们把社会资本隐匿起来，组织与组织之间孤立地存在。

再次，布里杰认为即使不同类型组织之间的广泛联系已建立，但仍不能保证高水平的信任关系肯定会建立。他坚持，信任依靠的是实际需要的存在、资源的真实存在，以及资源丰富的程度。人们对组织联合意义的研究还不够深入，社会资本的产生、维持、发展、联合并不被人们看作是社会组织发展的必要条件。如果不采用一种模型分析，社会资本对于持续的社区发展是否一定有益仍然具有不确定性。

詹姆斯·菲利比斯（James Philippis）在他的《社区发展中的社会资本神话》一文中，提出了与帕特南不同的观点。与标题不同的是，他本人并不否认社会资本对于社区发展的积极意义，而是认为帕特南对社会资本的界定忽视了社会资本的资本属性，即文化内涵和经济内涵，同时也忽视了权力关系，而是冠之以共赢的友谊，个体利益与社会整体利益的一致性，使得社会资本失去了社区发展的潜在应用价值。他批评帕特南的观点存在基本的经济学逻辑缺陷，把社会资本与物力资本相割裂。由于缺少权力和冲突的内容，使得他信奉社区同一化理论。所以他提出，为什么既得利益群体会与结构化弱势群体分享果实？什么理由会使社会资本与物力资本有所不同？权力的分享事实上对于弱势群体改变现在的地位是十分重要的，对于城市发展也意义非凡。城市居民网络间拥有着广泛的信任与联系，建立了许多非政府组织或以社区为单位的组织。他们所缺少的是权力或经由选举获得这些权力的足够资本。他们并没有意识到对抗对于社会发展的意义，也没有认识到正被社会资本会成就社区发展的神话所迷惑。

（五）社会资本与管理发展

沃迪斯·克雷布斯（Valdis Krebs）在《社会资本：21世纪组织通往成功的钥匙》一文中指出，人力资本理论统治了整个20世纪关于组织与个人竞争力的理论研究。到如今，当每个人或组织都掌握了人力资本发展及投资理念之后，这种因人力资本差异造成的发展差距越来越小。竞争优势需要从组织内和组织外两个方面去寻找，必须借助社会资本的力量。社会资本所联合的人力资本是从组织发展需要出发的，因此是多种类型人力资本的最优组合。他支持博特的观点，即认为对于现代组织而言，对组织的社会资本进行全方位的设计与管理将成为现代组织领导者的核心工作。社会资本对于组织发展的作用主要表现在这样几个方面：发现新目标和新项目、取得工作突破、提高组织的行动力和行动效率、增强经理人员的工作能力、帮助组织更多地了解内部和外部环境状况。

维卡斯·阿南德（Vikas Anand）、威廉·格里克（William H. Glick）和查尔斯·曼茨（Charles C. Manz）在《利用社会资本获取组织外部知识》一文中提出，在日益复杂的管理环境中，组织需要从外部世界去猎取资源。知识时代，知识的更新速度很快，在组织内部有时很难获得最新的知识与技术。组织通常采取建立组织联盟的方式分享知识财富。他们同时也提出，通过社会资本开拓获取资源的渠道这种方式本身，要以适用性为根本原则。

张其仔在《社会资本与国有企业绩效研究》一文中认为，社会资本的存在有利于组织内部合作的产生，提高了集体行动的效率，降低了集合行为发生的成本。组织成员间普遍存在的信任关系和诚信行为，会减少机会主义行为发生的可能，从而降低因行为监督和控制而发生的管理成本。他将组织内的社会资本分为员工之间的社会资本、管理者与员工之间的社会资本和管理者之间的社会资本，将组织管理方式分为"合作型管理"和"竞争型管理"。他通过对不同群体间的社会资本，以及管理者所采取的不同管理方式的综合对比分析得出结论：存在于员工内部和员工与管理者之间的良好关系可以提高员工的积极性与归属感，对员工自觉遵守规章制度，提高管理者工作绩效均有显著的积极影响。

边燕杰和丘海雄在《企业的社会资本及其功效》一文中认为，

社会资本理论的引入改变了组织的发展观和人才使用战略。组织裁员所引起的规模缩小，并不意味着组织在衰败，而是因为社会关系网络的日渐发达，包括人才在内的组织发展资源具有了更大范围意义上的共享性。在文章中，作者重点关注的是组织与外部空间的广泛联系与合作，企业需要建构的社会资本网络是横纵交错的立体式结构网络。他主张企业的发展需要全面扩大交往，从不同方面获取发展所需的资源，包括有价值的信息、急需的高端人才、高信任度的交易环境等等。在企业间联合的问题上，罗家德在《社会学视角的结盟模式》一文中列举了海尔、硅谷等企业联盟发展模式，证明了企业间社会资本对于企业联合体的形成与发展具有重要贡献。罗家德在文中批评了经济学家过往对契约、法律、自由竞争、利润最大化等要素的一味推崇，却忽略了共识性信任和文化认同等社会资本因素在企业合作与交易中所起到的关键性作用。

（六）管理中社会资本局限性的国内研究

罗家德在《派系对组织内一般信任的负面影响》一文中指出，社会资本网络与正式组织相重叠的现象是不多见的。因个人立场不同，在组织内部，成员总是被划分为"圈内人"和"圈外人"，信任被划分为特殊信任和一般信任。一般信任意味着圈外成员的公平感、对工作和组织的满意度，这些都影响着组织的稳定。当一般信任被来自社会资本的特殊信任破坏到一定的程度，则会造成组织内耗，影响组织的正常发展。

周长城在《经济社会学》一书中，表达了对社会资本冲淡正式制度与组织权力的担忧。他肯定了社会资本在维持社会秩序、民主政治建设及国家治理方面的积极作用，但绝对不能忽视政府与政治本身对社会发展的形塑作用。从主体间性角度来看，在政府与社会的关系分析中，仅仅强调其中的任何一方面，而忽视另外一方面的做法是不可取的。特别在发展中国家，生产力水平及经济社会发展水平都决定了公共投入的必要性与公共责任。社会资本理论的贡献不仅仅是社会主体性的高扬，更在于呼唤政府与社会间的通力合作。正式制度始终是社会良性运转的基本法则。

此外，燕继荣在《投资社会资本——政治发展的一种新维度》一书中，也表达了对组织制度权威和执行力的担忧。"从消极的角度讲，它强化了团体的排外性，使制度主义者所坚守的原则和规则受到削弱，使正式的组织制度和规范难以得到严格实施，从而增加了社会总体的交易成本。"①

---

① 燕继荣. 投资社会资本——政治发展的一种新维度 [M]. 北京：北京大学出版社，2006：15.

第一章　社会资本及其结构

20 世纪 80 年代以来，在西方学术界出现了三位社会资本理论的奠基人。他们是皮埃尔·布尔迪厄（Pierre Bourdieu）、詹姆斯·科尔曼（James Coleman）和罗伯特·帕特南（Robert Putnam）。布尔迪厄是社会资本概念的提出者，把社会资本界定为一种嵌入在关系网络中的可被开发和使用的资源。科尔曼和帕特南则从不同侧面揭示了这种结构性资源所能发挥的场域性功能。可以说，三位社会资本理论先驱的开创性研究不仅帮助我们精准地理解社会资本的内涵，而且可以使我们从中洞悉社会资本的内部结构及其功能实践机理。

第一节　社会资本的前期研究

自从 20 世纪中后叶布尔迪厄提出了社会资本的概念之后，越来越多的学者投身于社会资本的理论与实践研究。经过短短数十年的发展，社会资本的理论应用领域和作用场域早已跨越了最早的社会学和政治学范畴，俨然成为包括经济学、管理学等在内的诸多学科的重要理论工具和分析范式。

一、三位思想"巨匠"眼中的社会资本

布尔迪厄在 20 世纪 80 年代前后率先提出了"社会资本"的概念。他在 1980 年的《社会科学研究》杂志上发表了一篇题为"社会资本随笔"的短文。受到语言及话语体系等因素的影响，布尔迪厄在早年提出这一概念及对相关理论进行阐释时，并未在学术界特别是法语世界以外的学术界引起更多的关注。即便如此，并未影响到布尔迪厄在社会资本理论研究领域的奠基性地位。正如前文我们所提到过的布尔迪厄社会资本概念：

"社会资本是实际的或潜在的资源的集合体，那些资源是同对某种持久性的网络的占有密不可分的，这一网络是大家共同熟悉的、得到公认的，而且是一种体制化关系的网络，或换句话说，这一网络是同某个团体的会员制相联系的，它从集体性拥有的资本的角度为每个会员提供支持，提供为他们赢得声望的'凭证'。"[1]

社会资本问题真正受到学界普遍关注是在美国社会学家科尔曼在其著作《社会理论的基础》中大篇幅地谈及此问题之后。科尔曼是从结构功能主义的视角来定义社会资本的。

---

[1] 布尔迪厄. 文化资本与社会炼金术 [M]. 包亚明，译. 上海：上海人民出版社，1997：202.

　　"社会资本不是某种单独的实体，而是具有各种形式的不同实体。其共同特征有两个：它们由构成社会结构的各个要素所组成；它们为结构内部的个人行动提供便利。和其他形式的资本一样，社会资本是生产性的，是否拥有社会资本，决定了人们是否可能实现某些既定目标……与其他形式的资本不同，社会资本存在于人际关系的结构之中，它既不依附于独立的个人，也不存在于物质生产的过程之中。"①

　　帕特南则是将社会资本概念由社会学引向政治学分析的第一人。他在《使民主运转起来》一书中将社会资本界定为"社会组织的特征，诸如信任、规范和网络，它们能够通过促进合作行为来提高社会的效率"②。帕特南认为，社会资本的概念在整个 20 世纪被发明过至少六次，每一次都是通过关系来协助那些受帮助的人改善生活。他曾长期专注于意大利北部地区社会组织发展与功能研究，把社会资本视为凝聚社会和谐因素、推动社会经济和政治发展的重要力量。帕特南系统阐释了社会资本在社会行动者之间，主要包括社会组织内部成员间与社会组织之间所起到的凝聚、规范、协调等有利于联合行动的功能。社会资本使人们彼此间更容易持有互信的态度并付诸合作的行动。因此，社会资本成为社会组织发展及社会功能发挥的重要推动力量。此外，帕特南对社会资本的能产性、存量与累积

① 科尔曼. 社会理论的基础（上）[M]. 邓方，译. 北京：社会科学文献出版社，1999：354.
② 帕特南. 使民主运转起来 [M]. 王列，赖海榕，译. 南昌：江西人民出版社，2001：195.

等问题进行了富有开创性的研究。

　　这三位思想家在社会资本的功能认知上虽然各有侧重，但在"社会资本的存在基础""社会资本的作用方式"等问题上却持有大体一致的观点。他们均认为社会资本是嵌入在行动者个体或组织之间的特定关系之中，维系这些关系的是彼此认同的共识性价值。这种共识性价值代表着网络成员的共同利益。在社会资本存量较高的关系网络中，成员能够感受到平等、信任、尊重和彼此需要，同时也因此认识到个体对集体和其他成员利益所负有的责任与义务。价值共识是多主体彼此间建立信任的前提。信任为主体间的联合行动提供了简化机制。信任的力量对行动者的吸引力足以简化联合行动中所包含的个体理性与集体理性的博弈过程。同时，信任关系的存在也足以打消行动者彼此之间的价值猜忌和价值行为选择顾虑。如果联合行动中的行动者对共同利益及其实现方式都持有积极的态度，认同利益实现和分享机制，认同非道德行为判定标准及其惩戒方式，这样的联合行动不仅会取得成功而且必定是高效率和低成本的。从对社会资本问题的后续研究来看，都没有跳出布尔迪厄、科尔曼和帕特南关于社会资本存在基础的关系分析框架。

二、社会学与政治学对社会资本理论研究的早期贡献

　　众所周知，社会资本理论最早诞生于西方社会学。早期研究社会资本的学者布尔迪厄和科尔曼都在社会学领域极负盛名，而帕特南则率先将社会资本引入了政治学场域分析之中，也由此成就了其在民主政治研究方面的特殊贡献。

（一）社会学视社会资本为社会关系的黏合剂

社会资本所起到的社会黏合功能在社会学领域得到了广泛的关注。社会学主要从社会结构、社会关系、个体行动视角出发，研究嵌入在社会关系结构中的社会资本及其运行对宏观的社会关系、社会结构，以及微观的个体行为的影响。在社会学领域，布尔迪厄是最早将社会资本的概念引入社会学语境的社会学家。他的研究从社会关系的自然演进出发，认为当前社会以社会阶级与阶层为背景被实际地划分为不同的社会资本网络。不同网络内的成员所实际拥有的和潜在可资利用的资源，会因社会关系网络的性质与规模不同而存在明显的差异。在社会分工决定的统治者、中间者与劳动者三大网络群体中，普通劳动者的社会资本存量在性质与规模上明显处于劣势，因而也就限制了劳动者阶层的发展，而这部分群体是最需要通过营造社会资本网络来改变自身的发展环境，进而改变自身命运的。

作为法国社会学家，布尔迪厄关注的重点主要集中在两个方面：其一，个体通过参与社会交往活动，通过投资于社会关系这种制度化的战略实施来改变社会关系状况。社会关系结构的调整，进而可以提高个体的社会行动能力，增加个体收益。其二，物力资本、人力资本、文化资本与社会资本之间的相互转化。社会资本的能产性或再生产过程表征着社会资本生产过程本身的重要性，这需要行为主体持续地保持与外界的交往与联系，投入大量的时间与精力，也包括物力资本和人力资本与文化资本等方面的投入。

布尔迪厄的研究具有明显的工具性特征，他把个体的成功发展与个体能否融入更高质量的社会资本网络相联系，同时也把社会资本认作统治者为了维持与其他群体团结进而维护自身统治地位的工具。此外，布尔迪厄还强调了社会资本网络的对外排斥性和自我封闭性，以及网络内部成员间保持高密度的联系对网络发展与成员发展的重要性。这些都表明社会资本在社会关系融合发展过程中起到了重要作用。

（二）政治学视社会资本为民主政治的催化剂

社会资本的政治学研究主要集中在围绕民主政治发展而展开的公民精神、公民参与、集体行动、政治合作等问题的研究。帕特南在这一领域的研究中最负盛名。

帕特南通过对意大利南北部地区长达 20 年的比较研究发现，社会资本对激发公众的政治参与热情，促进社会组织与社区的成熟发展，提高制度绩效有着积极的影响。特别是一个组织、地区或国家所累积的社会资本存量，与制度绩效之间呈正相关关系。从社会资本的产生来看，意大利北部地区的社会资本积淀有其深刻的社会历史背景。在 20 世纪 70 年代，意大利南北部地区同时开始推行分权制改革。但经过 20 年左右的时间，南部地区的社会治理程度仍然远低于北部地区。帕特南研究发现，统一后的一百年间，虽然南北方城市社会经济排名有一些变化，但北部地区公民参与精神和民主制度绩效的提升速度均远远高于南部地区。考察历史，意大利北部地区从 12 世纪起形成城市共和国，意大利南部地区在当时则是君主制

人认为，美国人的公民生活在最近几年里已开始减少，他们童年时期的社会道德和价值观要高过现在，整个美国社会关注的是个人而不是社区。"①

第二节　社会资本的内涵

美国普林斯顿大学社会学教授亚历山德罗·波茨（Alejandro Portes）认为，要全面系统地界定社会资本这个概念必须搞清三个问题："①社会资本的拥有者（那些有权利的）；②社会资本的来源（那些同意对方要求的）；③资源本身。在科尔曼之后，这三个要求经常在讨论中被混在一起，因此带来了这个概念的用法和使用范围上的混乱。"②

一、社会资本的定义

对于什么是社会资本，布尔迪厄及其后继研究者给出了自己的理解。布尔迪厄最先对社会资本进行了规定性研究。他把资本划分为"经济资本""文化资本""人力资本"与"社会资本"，并这样描述社会资本：

① 帕特南. 独自打保龄——美国社区的衰落与复兴［M］. 刘波，祝乃娟，张孜异，等译. 北京：北京大学出版社，2011：14－15.
② 李惠斌，杨雪冬. 社会资本与社会发展［M］. 北京：社会科学文献出版社，2000：124－125.

"社会资本是实际的或潜在的资源的集合体，那些资源是同对某种持久性的网络的占有密不可分的，这一网络是大家共同熟悉的、得到公认的，而且是一种体制化关系的网络，或换句话说，这一网络是同某个团体的会员制相联系的，它从集体性拥有的资本的角度为每个会员提供支持，提供为他们赢得声望的'凭证'，而对于声望则可以有各种各样的理解。这些关系也许只能存在于实际状态之中，只能存在于帮助维持这些关系的物质的和/或象征性的交换之中。"①

科尔曼对社会资本的研究引起了学界更广泛的关注。他选取了社会资本的功能角度给社会资本下定义：

社会资本"不是某种单独的实体，而是具有各种形式的不同实体。其共同特征有两个：它们由构成社会结构的各个要素所组成；它们为结构内部的个人行动提供便利。和其他形式的资本一样，社会资本是生产性的，是否拥有社会资本，决定了人们是否可能实现某些既定目标……与其他形式的资本不同，社会资本存在于人际关系的结构之中，它既不依附于独立的个人，也不存在于物质生产的过程之中"②。

帕特南认为，"在一个继承了大量社会资本的共同体内，自愿的合作更容易出现，这些社会资本包括互惠的规范和公民参与的网

---

① 布尔迪厄. 文化资本与社会炼金术 [M]. 包亚明，译. 上海：上海人民出版社，1997：202.
② 科尔曼. 社会理论的基础（上）[M]. 邓方，译. 北京：社会科学文献出版社，1999：354.

络……社会资本是指社会组织的特征，诸如信任、规范以及网络，它们能够通过促进合作行为来提高社会的效率。"① 福山（Fukuyama）提出，"社会资本是一种有助于两个或更多个体之间相互合作、可用事例说明（instantiated）的非正式规范。"② 林南把社会资本看作"在目的性行动（purposive action）中获取的和/或被动员的、嵌入在社会结构中的资源"③。

我们认为，管理场域中的社会资本是指，在管理活动中，嵌入在彼此联系的若干行动者间的信任、规范、网络等关系中的，通过关系发挥作用，能够给其拥有者带来资源、效率、成本、秩序等不同形式回报的一种关系型管理资源。

总地来说，社会资本是嵌入在多元主体共同构建的主体间关系之中的，主体间关系结构决定着社会资本的整体功能。社会资本的存在与运行依托于主体间关系的某些特征，这些关系特征既反映着主体间关系的实际样态，也揭示出嵌入其中的社会资本的内在结构。这些关系特征包括：信任、规范、网络；相应的主体间关系反映为信任关系、规范关系和网络关系；嵌入其中的社会资本在关系结构基础上可以细分为信任社会资本、规范社会资本和网络社会资本。社会资本网络内部成员间关系建构的基础是其在持续交往实践中逐渐共同确立的价值共识，包括价值目标、价值实

---

① 帕特南. 使民主运转起来 [M]. 王列，赖海榕，译. 南昌：江西人民出版社，2001：195.

② 曹荣湘. 走出囚徒困境——社会资本与制度分析 [M]. 上海：上海三联书店，2003：72.

③ 林南. 社会资本——关于社会结构与行动的理论 [M]. 张磊，译. 上海：世纪出版集团，上海人民出版社，2005：28.

现方式、道德行为选择及其评判标准、非道德行为的惩戒方式等等。社会资本作为资本家族的成员具有特殊的能产性，其影响的范围包括行为主体的行为能力、社会关系结构、资源结构等诸多方面。

在社会资本的所有者和专属权问题上我们认为，社会资本网络中的成员作为共同缔约者，不仅平等地担负网络成员的资源与行动义务，而且平等地享有分享嵌入在关系网络中的社会资本所能带来的资源与行动方面的便利的权利。因此，凡是不会因"隐瞒资源""拒不兑现承诺""搭便车"等非道德行为而遭到集体排斥，仍然持有社会资本网络成员身份的内部行动者，都是该关系网络所承载的社会资本的实际拥有者。

二、社会资本的特征

（一）非均衡性分布性

社会资本的非均衡性分布是指从社会资本网络内部成员间，以及从整个组织或整个社会范围来看，社会资本的分布并不是均衡的。这种非均衡性反映了行为主体行动能力的差别。对于社会资本网络内成员来说，在某个领域内某些资源的动员力方面显然要强于网络外成员。但作为公用品的社会资本，在网络内部成员间的分配也并不是均衡的。林南将这种现象称为"社会资本的不平等"。

"在获取社会资本上的差异应该受到更多的研究关注。社会群体（性别、种族）由于其或优势或弱势的结构性位置与社会网络，而对社会资本有不同的获取能力。"①

　　社会资本的非均衡性分布特征从社会资本网络的内部结构清晰可见。整个网络是由不同的行为主体（点）及其之间的相互联系（线）所构成的一个网状结构（面）。信息在整个网络内流动，信息流的密度反映了某些行为主体的重要性，因此这些关键人物成为网络节点。网络上的某些区域连线密度较大，反映了在节点周围社会资本密度较大。同时，某些行为主体虽然处于社会资本网络之中，却可能处于边缘位置，这类位置周围的社会资本较为稀疏。以上是对社会资本网络的平面构图。如果结合科层制组织来分析，这种社会资本网络的宏观勾勒会更为复杂，可能体现为一个立体的锥体结构。

　　造成社会资本非均衡分布的原因是多方面的。不仅仅是群体间、组织间，即使对于某个组织中的社会资本网络而言，造成这种社会资本分布的个体差异的原因也是多方面的。包括亲缘血缘关系、职位与权力、人力资本存量、其他社会关系等等，都可能影响个体在社会资本网络中的位置。以林南关于地位与位置甄别为例，在等级制社会中居于一定地位的行动者，在社会资本网络中也更容易获得靠近核心的位置。亲缘血缘关系给行为主体带来更多的可信度，因而具有获得最佳位置的先天优势。正式组织中的职位及其附属的权力对于社会资本网络整体的资源优势具有重要意义。人力资本状态

---

① 林南．社会资本——关于社会结构与行动的理论 [M]．张磊，译．上海：世纪出版集团，上海人民出版社，2005：94.

决定了某些行为主体本身的技术能力成为社会资本网络内的稀缺性资源。某些处于主体社会资本网络边缘位置的行为主体因占据"网络桥"或"结构洞"的位置，可以帮助自我社会资本网络获取外部稀缺性资源，这种对稀缺性社会关系资源的占有同样可以提升其在社会资本网络中的地位。格兰诺维特、博特和林南等把这种现象称为"弱关系强联系"效应。一旦社会资本网络形成，并与正式组织的职位与权力相联系，组织中的核心资源，特别是结构性资源，如制度、职位、权力等就会越发地向社会资本网络集中。社会资本网络希望通过对组织中稀缺性资源的占有达到社会资本网络发展的目的。稀缺性资源的集中加剧了社会资本分布的非均衡性，形成"马太效应"。

（二）用进废退性

社会资本与其他形态资本的最大不同在于"使用中增殖"。也就是说，越是使用这种资源，越使其得到积累，反之则使社会资本走向衰亡。这看起来并不符合成本收益逻辑。物力资本和人力资本在使用中对原有资源是一种消耗。物力资本的投入需要衡量投入与产出比，产出要大于投入才能抵消所消耗的部分，使物力资本增殖。人力资本作为个人完成某种活动所必需的知识与技能，需要通过教育、培训、实践等形式不断充实、提高，使个体的人力资本存量增加。社会资本则是完全不同的情况。社会资本作为一种社会关系资源需要在社会交往中形成和积累。只有交往频率的增加才能使信任关系更加牢靠。即便是经常有求于他人，通过社会资本借用他者的资源而签下了许多的赊欠单，但从交往意义而言，这样的行为主体至少是活跃着的，赊欠单的偿还形式也是多样的。况且，这些赊欠单也并非总是出于自身的目的，也可能是信任的传递性在发挥作用，这种作用至少使社会资本网络内的成员加强了彼此联系，使网络内部资源流动起来。

"事实上，只要参与者保持优先责任、维持互惠与信任，社会资本就会因使用而得到改进。为初始目标使用社会资本创造了共识和关联方式，由此，只需较低的启动成本就能完全实现全然不同的共同活动……如果不使用，社会资本就会迅速恶化。"①

（三）封闭排斥性

社会资本网络具有自我封闭的特性。封闭性与排斥性是一个问题的两个方面。这种特性来源于社会资本作为社会关系资源给内部成员带来的行动优势。社会资本网络集中了一部分组织中的关键性资源，这种资源要么是稀缺的，要么是不可复制的，有时是两者兼而有之。这些资源只在社会资本网络内部成员间分享，这种分享几乎被所有成员看作是一种保持优势的特权和特殊身份的象征。也几乎没有哪个成员愿意与外部成员分享这些资源。优越感和恐惧感并存。在社会资本网络规范中自然包含了一种一致的行为选择，排斥"局外人"，保护"局内人"。排斥与封闭是同一个过程。在排斥局

---

① 曹荣湘. 走出囚徒困境——社会资本与制度分析［M］. 上海：上海三联书店，2003：31－32.

外人的同时，事实就是造成了自我封闭，自我网络也被局外人个体或其他网络所排斥了。由于不同的社会资本网络之间较少或几乎没有任何的联系，整个组织及整个社会都将走向孤立与分裂。人们只与熟悉的、自认为可以值得依赖的人相交往。由此，封闭社会资本使人与人彼此更加疏离，形成了社会的"大分裂"状态。不仅是福山，正如前文所述，帕特南等学者在对美国社会的信任与民主情况进行了系统研判之后，也同样产生过这样的忧思。

"一切社会都拥有一些社会资本；它们之间的真正区别跟所谓的'信任半径'有关。也就是说，像诚实和互惠这样的合作准则可以在有限的群体中共享，但不能跟同一个社会中的其他人分享。普天之下，家庭显然是重要的社会资本之源。无论美国的父母对他们的子女评价多么低，但同一个家庭的成员跟素不相识的陌生人比较起来，家庭成员之间更可能会相互信任并一道工作……然而，家庭联系的力量因社会不同而不同，并且随着其他相关类别的社会义务而变化。在某些情况下，家庭内外的信任和互惠联系之间似乎呈现出某种相反的关系：一种变得十分强大之时，另一种就会变弱。"①

---

① 福山. 大分裂——人类本性与社会秩序的重建［M］. 刘榜离，王胜利，译. 北京：中国社会科学出版社，2002：19 – 20.

第三节　社会资本的结构

正如前文所述，社会资本是一种关系嵌入型资源，社会资本的存量与运行质量在很大程度上受到其所嵌入的社会关系的影响。"结构是所有关系的集合"①，社会资本所嵌入的社会关系表现出三大特征：信任、规范与网络。因此，信任、规范与网络也成为支撑起社会资本基本框架的重要结构性要素。

信任是社会资本的基础性结构要素。信任社会资本以行为主体间的信任关系为载体，推动着合作的发生与发展，在合作中促进有价值的稀缺性资源的流动，实现资源在网络成员内部的共享与互补。社会资本是以信任为基础建立的关系型网络化资源。"信任是交往双方共同持有的，对于两人都不会利用对方之弱点（vulnerability）的信心。"② 信任对于所有网络成员来说其力量是强大的，被贴上"值得信任"标签的成员往往可以获得更多的行动机会与行动资源，其行为能力会大大提升，从而拥有更多的发展机会。因此，信任的力量对其成员来说是极具吸引力的。同时，信任足以抵消因猜忌而产生的人力、物力、时间及其他一切形式的成本。靠着简化复杂的特殊功能，信任使率先或共同行动变为可能。相互信任的成员间的联

---

① 刁利明. 中俄社会结构比较研究［M］. 哈尔滨：黑龙江大学出版社，2020：19.
② 杨中芳，彭泗清. 中国人人际信任的概念化——一个人际关系的观点［J］. 社会学研究. 1999（2）：2.

合行动往往是较少付出非道德行为选择代价的，从而可以极大地节约交易成本。"信任是致力于在风险中追求最大化功利的有目的的行为；信任是社会资本形式，可减少监督与惩罚的成本。"① 信任同时也可以弥补人的理性的有限性，最大限度地给人以存在的安全感，同时最大限度地降低未知世界的不确定性给人的内心世界带来的焦虑和痛苦。人往往试图在完全已知的世界中追求过程与结果的确定性，并希望这种结果尽可能的完美，而现实却是构成世界的诸要素往往呈现出极其复杂的排列方式，未知世界和不确定性总是客观地存在。已知的和确定的都是过去，未来所涉及的未知与不确定性对于任何人来说都是一样的。因此，人们无法依据过去而准确地判断未来，只能根据过去的经验在信任与不信任之间做出选择，并希望他所信任的人无论是否会遇到超越经验的特殊情形，都不会辜负别人对他的信任。因此，信任在经验意义上只能证明过去，对于充满不确定性的未来来说，信任只代表一种美好的预期。信任使现在的人以最大宽容来面对未来，结合过去的已知，抵抗不确定性在其内心埋下的疑惑。所以，主体间的信任关系在程度和水平上与成功交往经历中取得的成功经验呈正相关关系，构成社会资本基础的信任是在多次重复博弈中逐渐累积起来的深度信任。

规范是社会资本的规约性结构要素。规范社会资本以行为主体间的规范关系为载体，对网络内部成员的行为做出基本规定，保障遵守规范的网络成员可以从其恰当的行为选择中获益。在规范社会资本研究方面，科尔曼是最有建树的。

---

① 郑也夫. 信任论 [M]. 北京：中国广播电视出版社，2001：17.

"它与通常人们所讲的'规范'含义不同。规范存在的条件是社会认定对规范涉及的各种行动进行控制的权利，不是由行动者掌握，而是由行动者之外的其他人掌握……根据权威的定义，这意味着其他人对行动者的行动拥有权威；行动者并非自愿将权威授予他人，即权威的授予既非单方转让又非交换，而是社会共识将权利置于行动者之外的其他人之手……规范涉及的权利是非正式的，是社会认定的权利。"①

如果说信任促成不同行为主体摒弃彼此猜疑并走向合作，那么规范则规定着双方该如何合作，在合作中应该选择怎样的行为，以兑现承诺并不辜负对方的信任。社会资本网络整体及其内部成员个体相对于外部的竞争优势来源于社会资本网络的对内共享性与对外排斥性。而这种群体排斥行动一般都是依照某项群体成员达成一致的共识性规范而实施的。规范社会资本要求每个行动者兑现其在共同缔约时对他者、对群体做出过的资源与行动承诺。从对内共享性方面来看，它要求网络内部成员采取多通道双向分享的方式为网络整体和行动者个体的行动与发展创造出相对于外部的资源优势。双向分享意指任何成员在逆向分享其他成员所提供的资源的同时，也要正向贡献自己的资源，之所以强调一种双向分享机制是因为在群体内部，只享受权利而不履行义务的情况在个体理性驱使下也是有可能发生的。社会资本网络内的资源及相应的资源效应对于内部所

① 科尔曼. 社会理论的基础（上）[M]. 邓方，译. 北京：社会科学文献出版社，1999：284.

有成员来说具有公用品属性，公共物品经常引发"搭便车"行为。甚至有学者曾指出，"就单个人来说，人们对于那些人人受益，那些他人提供、自己享受的东西，是很难大力支持的。"①

正如前文所述，规范是群体共识的一个重要组成部分，因此也对成员形成普遍的约束力。所有网络内部成员都应该承担起保护重要资源，使其增殖的义务。所有消极地、保守地履行义务的行为都应该受到规范的惩罚。从对外排斥性来看，排除网络以外的社会成员分享内部资源的可能性，作为成员间缔约的共识性内容之一也成为每个成员需要遵守的行为规范和需要兑现的承诺。社会资本网络所凝结的资源对于内部成员来说是共享品，但对于外部社会成员来说则属于专属品。内部成员必须履行承诺，绝对不与"不相干"的人分享网络内部资源，因为没有人会保证窃取网络内部资源的外部行动者不会利用这一点而使整个社会资本网络利益受损。社会资本网络所提供的规范是伦理性规范。伦理性规范的作用方式与制度性规范的作用方式不同，较少依赖强制手段，更强调主体间的责任意识和责任伦理关系，强调内化于网络成员内心深处的责任伦理发挥行为自律功能。有时，道德惩罚比法律制裁更加严厉。

"一般情况下，'规范的内化'是指承认规范具有合法性，即行动者承认他人对自身行动有部分控制权……如果规范的内化仅指承认规范具有合法性，在无他人在场的情况下，将无法禁止个人违反

---

① 曹荣湘. 走出囚徒困境——社会资本与制度分析［M］. 上海：上海三联书店，2003：59.

规范。本书研究的'规范内化'，指个人拥有被内化的惩罚系统，如果此人触犯了规范，这一系统将予以惩罚。"①

　　网络是社会资本的保障性结构要素。网络社会资本以行为主体间的网络关系为载体，成为信息和其他资源流通的重要渠道。网络可以说是社会资本在结构上的最突出的特征。社会资本嵌入在网状的社会关系结构之中。在社会关系网络中，不同行动者居于不同的位置（Location），其中有核心位置、节点位置和边缘位置之分。事实上，根据林南的研究，网络成员的位置与其在等级制社会中的角色地位（Position）存在相当程度的正相关性。因为嵌入在社会关系中的社会资本存在的首要意义在于对异质性、有价值，特别是稀缺性资源的调配与整合。有时这些稀缺性资源在内部网络资源日趋同质化的情况下是很难找到的，只能借助外部网络，由此打开了不同社会资本网络间交往的大门，使社会资本由传统的封闭时代进入了全新的开放时代。美国密歇根商业学院教授韦恩·贝克（Wayne Baker）从社会资本网络对于组织发展的意义角度将社会资本网络分为内聚式网络和开放式网络。并认为，内聚式网络给组织带来了信任与合作，开放式网络给组织发展带来了新信息、新资源、新机会。"每个组织都是内聚式和开放式团体网络的混合体。"② 在社会资本网络内部，成员间表现出"强关系强度"。关系越强，意味着主体间

---

① 科尔曼. 社会理论的基础（上）[M]. 邓方，译. 北京：社会科学文献出版社，1999：342.
② 曹荣湘. 走出囚徒困境——社会资本与制度分析 [M]. 上海：上海三联书店，2003：20.

交往频繁，联系紧密，社会资本存量越丰厚。"关系越强，获取的社会资本越可能正向地影响表达性行动的成功"。① 社会资本网内成员可以在网络规范下自由地分享他人所拥有的稀缺性资源。社会资本使得网络内部成员占有和动员稀缺性资源的能力大为提高。对于网络内部成员来说，社会资本网络内部资源是公共产品，对于整个组织或者说网络外部群体来讲，则具有经济学所说的资产专用性特征。社会资本使不同主体所拥有的稀缺性资源在一定范围内自由流动，彰显了社会资本的资源共享性特征。

① 林南. 社会资本——关于社会结构与行动的理论 [M]. 张磊，译. 上海：世纪出版集团，上海人民出版社，2005：64.

第二章　社会资本与管理秩序

　　管理活动目标的实现需要建构特定的秩序。管理秩序在根本上来源于人的行为秩序。人的行为秩序及其规范成为管理秩序建构的主要方向和具体任务。管理秩序主要来源于两个方面：其一是制度，其二是伦理。其中，制度作为人造物是外在于人的秩序建构力量，具有强制力；伦理从人的生活需要产生，植根于人际交往实践，内化为人的自觉行为。依靠制度对人、组织和社会进行管理，可以实现制度性管理他为秩序或他律秩序；依靠伦理对人、组织和社会进行管理，则可以实现伦理性管理自为秩序或自律秩序。对于管理活动所依托的秩序而言，除了要考虑秩序建构的效率及运行的效能之外，还要考虑秩序建构及运行维护的成本。显然，伦理性管理自为秩序在稳定性及成本方面相对于制度性管理他为秩序是有优势的。社会资本作为一种伦理属性的关系嵌入型管理资源，可以为管理活动中行为主体的行为选择提供他者视域、群体视域，在伦理关系下形成强大的群体压力，积极促成责任导向的伦理性管理自为秩序的生成。社会资本的引入，在行为规范意义上、管理制度化基础上，有力地推动着管理伦理化进程。

第一节　秩序及其管理价值

秩序是对事物运行基本状态的描述，分为正反两个方面，正如博登海默所认为的，秩序"意指在自然进程和社会进程中都存在着某种程度的一致性、连续性和确定性。另一方面，无序（disorder）概念则表明存在着断裂（或非连续性）和无规则性的现象，亦即缺乏智识所及的模式——这表现为从一个事态到另一个事态的不可预测的突变情形"①。从博登海默关于秩序的正反两方面描述中我们可以看出，自然界和人类社会都存在着特定的秩序性要求，良好秩序的形成所依靠的是事物运行的规范性、确定性和连续性，只有基于良好秩序所提供的规范性、连贯性和确定性，人们才可以推测出事物发展变化的总体趋势。良好秩序的形成要求行为主体依据行为规范做出恰当的行为选择。

一、秩序的行为规定

规范性是良好秩序的核心要义，是对行为主体的基本行为规定。

---

① 博登海默. 法理学——法律哲学与法律方法 ［M］. 邓正来，译. 北京：中国政法大学出版社，2004：227 - 228.

"所谓'规范',说到底就是市场经济的一整套制度安排。"① 它为市场活动中行为主体的行为选择提供了基本的行为框架,同时也为行为过程的秩序性检验提供了基本的标准。"如果没有社会规范的存在,人类的社会秩序也就无以产生,人类的社会生活就更无从谈起了。因此,社会秩序的基本标志是社会主体行为的规范性。"② 当然,秩序并不是规范本身,而是规范被执行和遵守的效果。如果说规范与规则规定着行为主体应该做出怎样的行为选择,那么秩序则在结果与状态意义上反映出该主体是否依照了这些规定进行行为选择。所以说,行为主体按照规范与规则做出恰当的行为选择是良好秩序生成的重要前提。

确定性与连续性是规范性前提下,行为主体重要的秩序化行为特征。确定性与规范性相关,确定性要求行为主体按照行为规范去选择确定的行为,使其行为结果具有可预见性、可预知性、可预判性,使行为选择过程与结果之间建立起确定的良性因果关系。同时,良好的秩序也反映为一种连续性。连续性要求特定的行为规范可以持续地发挥行为引导与规制作用,行为主体可以持续地依据规范做出恰当的行为选择,恰当的行为选择与其行为结果之间的良性因果关系可以循环出现。这里两次使用"良性因果关系"一词的目的与前文我们对"秩序"与"规范"进行区分一样,都是要突出强调两点含义:其一,从因果关系角度来说,行为主体的行为选择与秩序

① 章政. 好的市场监管 其标准是"活而有序" [J]. 中国市场监管研究,2016 (1):23.
② 施惠玲. 制度伦理研究论纲 [M]. 北京:北京师范大学出版社,2003:184.

之间存在着正相关关系；其二，从应然与实然的角度来看，行为主体确定地、连续地做出规范性行为选择并达致我们所期盼的良好秩序只是一种应然状态，在实际生活中的确存在着另外一种情况，即失范行为所导致的无序与秩序混乱。也正是因为这种失范行为、不确定性行为、非连续性行为及其所导致的无序与秩序混乱情况的实然存在，才使我们对行为规范性和秩序建构路径的研究显得更具意义。

二、秩序的管理价值

良好的秩序可以提升管理效率。管理有序则管理高效，管理失序则管理低效。正如前文所述，管理有序意指管理中的行为主体对组织发展目标、管理活动目标、价值目标的实现方式、价值行为规范等高度认同，拥有一致性的价值认知，由此种价值共识生发出一致性、规范性、确定性和连续性的价值行为。管理有序可以使计划得以顺利实施，决策目标可以顺利实现，使整个管理活动周期性地呈现出高效性特征。反之，无序的管理则表现为无章可循、各行其是、各谋其利，决策的实施和计划的执行过程充满了不确定性，组织成员的行为选择由于缺少价值指引和统一的价值评判标准而缺乏统一性、连贯性、可预判性和可靠性。由此可见，秩序是决定管理效能、管理目标、组织发展目标的关键性因素。越是有序的管理，其效率也越高，越是杂乱无序和秩序混乱的管理活动则其效率越低，越难达致管理活动的效率目标。

良好的秩序可以降低管理成本。管理成本问题的研究源起于科斯的交易成本理论。科斯对"管理成本"概念的产生做出了两点重要的贡献。首先，科斯将组织行为划分为外部行为和内部行为，进而将企业成本划分为外部成本和内部成本。其次，科斯初步诠释了组织成本的意旨，即企业内部资源性活动中所产生的成本，包括组织要素搭建成本、制度与机制运行成本等等。在科斯的话语体系中前者被称为外部交易成本，后者则被称为内部控制成本。虽然科斯仅是从企业内部组织行为考察了管理活动和管理成本的一个方面，却足以引起我们对组织管理活动过程中成本问题的思考。国内学界对于管理成本概念的认知中有一类观点是值得重视的，即"管理成本是企业组织从事各项管理活动所付出的代价"①。这种管理代价主要来源于主体行为选择的不确定性、失范性，即管理的无序与混乱。个体理性所导致的复杂的行为动机可能使行为主体在行为选择过程中发生行为偏离，其实际行为与共识性价值及规范性要求偏离得越大，组织为纠偏行动所付出的代价就越大，管理成本就越高。良好的秩序意味着价值权威的确立，规范得以遵守并能够对行为主体的行为选择产生强大的规约力，可以增强行为选择过程与结果的确定性，从而省去不必要的管理成本。

在经济生活领域除上述两点外，良好的（市场）秩序还有更为显著的功能。例如，良好的市场秩序有利于促进投资并拉动消费，良好的市场秩序有利于市场更好地发挥资源配置功能。

良好的市场秩序以规范交易行为、提振交易信心的方式促进社会投资并拉动社会消费。投资和消费是促进经济发展的重要因素。

---

① 江治平. 试论管理成本［J］. 中国农业会计，2008（7）：22.

对于社会投资者来说，投资的直接目的在于通过投资行为实现资本的增殖，这是马克思所说的资本二重属性中的自然属性的一面。增殖性是资本的基本属性，不会因社会制度差异而不同，缺少了增殖功能也就不能称其为资本。不仅物力资本，包括人力资本等在内的一切资本一般表现形式，之所以能够称其为资本，是因为它们具有资本的一般属性，即能够在使用中实现自我增殖，给其拥有者带来某种形式的回报。为了保证投资行为的有效性，投资者在做出投资行为选择之前，一般要对投资环境进行详细的考察，其中很重要的一个方面就是市场秩序环境，特别是与其项目相关的同业竞争秩序，要素市场与产品市场中的交易秩序。行业竞争领域充满不正当竞争行为将直接损害投资者利益。市场交易环节秩序失范，市场交易规则不能被严格执行和遵守，消费市场将日益萎缩，从而间接损害投资者利益。对于社会消费者来说，理性地追求较高性价比的产品与服务，恶意欺诈、隐瞒等不规范的市场行为使其所获得的产品与服务所内含的实际价值远低于其支付的，由此使消费者利益受损。同时，不正当竞争行为的存在，或者使消费者无法清晰辨识各种产品与服务间的质量与实际价值，或者因垄断经济形式的出现而使消费者的消费空间被压缩在极小的范围而无从选择，其结果都是使消费者权益受到侵害。由此来看，社会投资与社会消费两个因素之间在市场秩序意义上是相互影响、相互制约的。规范的交易秩序下形成的活跃的消费市场在一个侧面吸引投资，规范的竞争秩序下形成的广阔消费空间在一个侧面拉动消费。投资与消费在良好市场秩序下实现动态平衡将极大促进地方经济发展。

　　良好的市场秩序以尊重并维护市场选择权、公平竞争权等方式促进市场之资源配置功能的有效发挥。实践证明，市场是更有效的资源配置方式，市场的资源配置功能是通过价值规律实现的。价值规律的核心内容在于社会必要劳动时间决定商品价值，价值决定商品价格，价格同时受供求关系影响，围绕价值上下波动，商品交易要以价值量为基础，实行等价交换。如果产品市场和要素市场中的"消费者"的实际消费结果总是背离自己的最初消费愿望，即总是以较高的价格购得了较低价值含量的产品与服务，那么这样的交易是不能持续的。所以，利用资源垄断、信息不对称优势恶意改变供求关系，抬高价格，进行产品与服务欺诈，极易损伤消费者的消费热情，影响其消费行为选择。市场经济在本质上是质量经济、公平交易经济，更是消费者通过选择行为来主导的经济。市场配置资源实质上是消费者的消费导向在发挥资源配置功能，使资源流向更能发挥其经济价值、社会价值，更能体现公平、公正的价值生成主体、领域与环节。因此，促进市场经济发展，关键是发挥好市场的资源配置功能。要想发挥好市场的资源配置功能，关键在于三个方面：其一是生产者与经营者要改进技术与服务，提升产品与服务的市场实际竞争力，提升市场美誉度；其二是要尊重和保护消费者包括选择权在内的合法权益；其三也是最重要的是要保证公平竞争与交易。这些共同反映了市场机制本身对秩序的内在要求。特别对于地方经济发展而言，保护市场的正确做法不应该是偏袒本地企业，排斥外部经济力量，因为市场是无行政边界的，更不应该漠视消费者需求，因为现代市场更大程度上是消费者主导的市场，消费者是重要的交易主体力量。只有建立良好的市场秩序，维护公平竞争和公平交易，维护消费者的合法权益，推动本地生产者与经营者改进技术、延展服务，才能更好地调动市场机制，发挥市场在资源配置中的独特功能，才是真正的保护市场，才能从根本上促进地方经济发展。

第二节　管理自为秩序的生成逻辑

我们在这里所谈的"自为秩序"与哈耶克（Friedrich Hayek）的"自发秩序"既有联系又有区别。两个概念的联系在于两者都产生于人的社会实践活动，又反作用于人的社会实践。同时，自发与自为又是人们实践活动发展的两个不同阶段。自发过程中孕育着自觉，自觉是人们掌握客观规律后的活动。两个概念的差别在于秩序形成的基础与过程。哈耶克为了论证个体自由是不受外力干预的，把社会秩序的形成描述为渐进的、潜移默化的、自发的过程，导致自发秩序形成的因素是行为习惯与惯性，因此，也就排除了理性因素和预先设计。我们所说的自为秩序是行为主体群体普遍的理性行为选择的结果，理性选择的依据是共识性的制度或伦理规范。同时，自为秩序是建立在行为主体的自觉意识与自觉行为基础上的。从根本上来看，自发秩序是反对制度干预的自然演进论，而我们所说的自为秩序却是以制度与伦理的事实存在为前提的，自为秩序的形成过程也是制度与伦理主体行为的内化过程。在管理活动中，自为秩序的出现有一些基本条件。

首先，伦理性管理自为秩序的生成依托于行为主体群体间伦理关系的存在。关于人类社会的伦理关系，梁漱溟先生曾这样界定：

"伦理的意思就是说：一个人生下来即与人发生了关系（至少是有父母，再许有兄弟姊妹），从出生一直到老死，一辈子总是有与他相关系的人，一辈子总是在与人相关系中生活……在相关系中就有了情，有情就发生了义……有情有义，方合伦理，方算尽了伦理的关系。伦理关系怎么讲？就是互以对方为重，彼此互相负责任，彼此互相有义务之意。所以我们也可以说，伦理关系就是一个义务关系。"①

具体到管理场域，这种行为主体间的伦理关系则转化为行为主体间依特定的道德原则而相互确立的道德责任与道德义务关系。管理自为秩序在本质上是行为主体的行为秩序，具体反映为行为主体其行为的自觉性、自律性与规范性。管理自为秩序因行为主体主动地、自觉地选择恰适性行为而得以确立。因此，行为主体群体间的伦理关系对于管理自为秩序的建构价值也必须通过行为主体的行为选择过程得以彰显。行为主体群体间伦理关系的存在对行为主体的行为规范意义主要体现为两点：其一是道德行为准则及评判标准的确立；其二是行为选择视域的拓展。从前者来看，在伦理关系框架下，行为个体不再是行为道德与否的唯一评判主体，个体也不能仅从个体需要和个体价值逻辑出发来为自己的行为做出道德解释。行

---

① 中国文化书院学术委员会. 梁漱溟全集（第一卷）[M]. 济南：山东人民出版社，1992：659.

为道德的内涵必须由主体群体共同来诠释，道德行为与否也必须由群体共同判定。伦理关系对于个体道德观念的调试与整合过程同时也是共识性道德原则的形成过程。行为主体群体所共同确立的共识性道德原则既为行为个体进行道德行为选择提供了基本依据，同时也为群体对个体做出的行为选择进行道德评判提供了标准化的评判尺度。行为个体通过道德行为选择向群体及其他行为主体履行道德责任与义务的过程即成为共识性道德原则的主体实践过程。从后者来看，在伦理关系框架下，行为主体在选择行为时，不能仅局限于个体的、自我的视域，还要拥有他者的、群体的视域；不能仅局限于主体权利与利益的考虑，还要考虑行为所承载的责任与义务；不能仅从短期经济收益角度来解读利益，还要从社会声誉、行业口碑等更多角度去衡量利弊得失，不能因为贪图短期回报便忽略了非道德行为所带来的道德成本和长期收益代价。也就是说，群体伦理关系中的行为个体在对行为价值及行为后果进行预判和考量时，要兼顾自我利益、他者利益和群体利益，要把个体利益实现置于个体对其他行为主体及整个群体的责任视域下加以系统思考，确定优先性，明确行为底线，要确保其行为不会违反共识性道德原则，不会因为损害他者利益和群体利益而招致伦理性的道德谴责。

其次，伦理性管理自为秩序的生成依托于行为主体群体普遍的理性自觉。人是理性与非理性的集合体。一般而言，理性在人的精神世界与社会行为中占据主导和支配地位，同时其作用过程也在不同程度上受到非理性因素的影响。理性表现为人的推理判断、归纳演绎等逻辑思考能力，在人的行为动机的产生、动机向具体行为的转化、行为结果的预判与评价等过程中都起到非常重要的作用。理性一经与价值取向相联系，便会形成不同的价值逻辑，典型的如以个体利益最大化并优先实现为价值取向的个体理性价值逻辑，以及与之相对应的以集体利益为中心的集体理性价值逻辑。价值逻辑影响着人们思考问题的角度、行动的方向与路径，最终会通过人的行为选择加以体现。人类群体的行为价值逻辑与个体的行为价值逻辑之间是一般与个别的关系，群体行为价值逻辑既由个体行为价值逻辑抽象而形成，又对个体行为价值逻辑产生深刻影响，并构成对个体行为价值性的重要评判标准。事实上，秩序是多元主体规范性行为的集合，管理自为秩序的生成过程可以理解为行为主体群体间基于特定的价值逻辑共识，自觉地选择规范性、道德性行为的集体行动过程。由于这种特定的价值逻辑普遍规定并整体反映着行为主体进行价值考量和行为选择的基本出发点，因此，绝不应该是个体利益导向的或是寻求短期经济收益的个体理性价值逻辑，而应该是包括行业声誉、公平和持续健康发展等集体利益在内的集体理性价值逻辑。不可否认，对于行为主体来说，如何运用理性、如何选择价值逻辑、依据何种价值逻辑去做出何种行为选择均是其主体权利，并且事实上几乎所有的价值与行为选择过程都同时包含着行为主体的理性计算和自我博弈过程，但更需要明确的是，管理世界是开放的公共空间，组织秩序是行为主体赖以生存的公共资源，行为主体不仅平等地拥有分享秩序资源的权利，而且负有恰当地选择行为以共同营造并维护良好管理秩序的责任与义务。当且仅当行为主体群体普遍并自觉地选择集体理性的价值逻辑，同时做出道德且规范的价值行为选择时，才能避免个体理性集合为非理性这样的"公地悲剧"的发生，才能促成管理自为秩序的生成。

第三节 管理自为秩序建构中的社会资本功能

管理自为秩序的形成是基于行为主体依据共识性规范而普遍地采取了理性自觉行为的结果。社会资本作为一种嵌入在不同主体间的以主体间关系为载体的主体间性资源，本身具有明显的伦理属性，可以凭借其伦理关系所形成的强大群体压力对关系网络中的全部行为主体产生行为价值导向作用和行为选择约束作用，从而助推伦理性管理自为秩序的形成。

一、秩序建构的双重路径

制度与伦理是秩序建构的两种基本方式，也可称为两种基本途径。秩序建构的制度与伦理双重路径既相互区别又彼此联系。正如上文所述，规则与规范是秩序的核心要义，是秩序生成的来源，同时也为秩序的检验提供了重要的标准与依据。秩序的确定性和连续性要求均与规则性相关，并且在行为本质上反映为规则性与规范性。以规则与规范为核心要义的秩序的建构主要有两种路径和方式：一是制度，二是伦理。前者反映为外在于行为主体的制度因素对行为主体之行为的规范与约束，由此种他律机制而形成的秩序我们称之为他为秩序；后者反映为内在于行为主体个体及彼此间的伦理因素对行为主体的行为选择产生群体压力并使个体行为走向规范，由此种自律机制而形成的秩序我们称其为自为秩序。

学界关于制度与伦理的关系尚存在争议，一种观点认为不存在制度与伦理的区分，伦理本身也是制度的表现形式；另一种观点则认为制度与伦理不同，制度来源于法律法规和规章，具有正式权威和强制力，而伦理来自人们约定俗成，对个体行为只具有道德约束力，而不具有法律强制力。为了讨论方便，我们权且从差异性角度出发选择第二种关系认知方式。持此差异论观点的学者一般认为：

"在迄今为止的人类历史发展中，出现了两种主要的社会规范形式：道德规范和法律规范。它们在不同的历史发展阶段对社会秩序的形成起着不同的作用，其中占主导地位的规范形式是形成社会秩序的主要力量。当社会秩序依赖的控制手段主要是道德和习俗惯例时，道德规范就成为人们政治、经济及社会生活的主要调节方式，由此形成的社会秩序可称之为德治秩序。"①

与道德秩序相对应的法律秩序所依赖的法律规范形式更是显而易见的。例如，经济生活领域中所常见的《合同法》《广告法》《商标法》《消费者权益保护法》《反不正当竞争法》等等，都对经济生活中主体行为提出了具体而明确的要求。制度与伦理作为行为规范在内容上的两个重要来源，彼此之间是相辅相成的，是相互补充、相互影响并共同发挥行为规范作用的关系。伦理规范须经由制度安排上升为法律高度才能产生行为约束的强制力，制度规范一经伦理

---

① 施惠玲. 制度伦理研究论纲［M］. 北京：北京师范大学出版社，2003：187.

化，不仅可以在制度体系上更趋完善，而且巩固和增强制度本身的合法性，使制度获得更广泛的认同而易于执行。

制度规范与伦理规范的相互融合趋势在经济生活领域更集中地体现在对经济行为主体的一些同质性行为约定。例如，"公平交易""公平竞争""诚实守信""自愿平等"，等等。尤以"公平交易"为例，无论是在自然经济还是市场经济，无论是在道德秩序世界还是法律秩序世界，对交易双方来说都是一条基本行为准则。人类社会的原始交易正是担心交易过程的公平性问题，才确立了一般等价物，从早期的贵金属到现如今的电子货币，无论一般等价物的形成如何变化，它所反映的人们期望公平交易的美好愿望始终没有变。除公平交易外，近代以来的自由经济思想家反政府干预的主张，以及干预主义者试图通过政府干预破除行业垄断的思想，也都从不同层面和角度反映了人们在经济生活世界对自由、平等、公正、法治等内在价值的强烈诉求，对规范性经济秩序的美好期待。

二、管理自为秩序伦理建构的社会资本功能

首先，信任社会资本为伦理性管理自为秩序的形成提供了行为选择的关系基础，为行为主体提供了道德行为选择的动力和安全保障。信任关系是社会资本网络内部成员间关系结构的基础。信任关系的存在可以促进社会资本网络内部的资源共享，促成其成员间合作。嵌入在信任关系中的信任社会资本可以给其拥有者带来共享性资源、行动能力的提升和更多的合作共赢机会。正是由于信任的力量，信任社会资本的拥有者都十分珍视这份信任。当然，这种信任

关系的维系和信任社会资本的存在也是有条件的，那就是信任关系结构中任何成员的行为选择都必须符合群体共识性行为规范，都必须有利于共识性价值目标的实现，都必须符合共同体视域下的道德评判要求。正是因为以信任关系为基础的信任社会资本的巨大回报力及对其拥有者的强大吸引力，在社会资本网络成员间的合作中，率先做出道德行为选择的一方并不会担心对方会利用自己的弱点而选择欺诈、拒绝兑现承诺等非道德行为使自己的利益受损。通常情况下，率先行动的一方会认为自己是在履行道德义务，同时也对合作方怀有良好的行为预期。信任社会资本的存在足以打消其成员在资源性行动及合作交往中的道德行为选择顾虑，强有力地支撑着其做出道德行为选择。正如弗朗西斯·福山（Francis Fukuyama）所言：

"所谓社会资本，则是在社会或其下特定的群体之中，成员之间的信任普及程度……所谓信任，是在一个社团之中，成员对彼此常态、诚实、合作行为的期待，基础是社团成员共同拥有的规范，以及个体隶属于那个社团的角色……一个社会能够开创什么样的工商经济，和他们的社会资本息息相关，假如同一企业里的员工都因为遵循共通的伦理规范，而对彼此发展出高度的信任，那么企业在此社会中经营的成本会比较低廉，这类社会比较能够并然有序地创新开发，因为高度信任容许多样化的社会关系产生……反观人们彼此不信任的社会，企业运作只能靠正式的规章和制度，而规章制度的由来则需经过谈判、认可、法制化、执行的程序，有时候还需配合强制的手段。以种种法律措施来取代信任，必然造成经济学家所谓的'交易成本'上升。"①

其次，规范社会资本为伦理性管理自为秩序的形成提供了行为约束机制，同时也为人们分析制度运行的内在机理提供了一个全新的视角。正如彼得·埃文斯（Peter Evans）所认为的：

"在唯一重要的制度是直接推动市场交易的制度的前提下，发展理论一再发挥作用……人们正在开始从更广义的制度上定义发展一词……重新关注信任和互惠的规范以及使它们保持下去的不断互动的网络就要重视思考旧模式之外的发展。这种规范和网络在私人之间和社区范围内起作用，并且遵从完全不同于那种'正常交易关系'（arms length）的互惠的逻辑。"②

社会资本在秩序规范、塑造、维护方面所体现出的功能性价值，是通过主体间关系的能产性价值对主体动机与行为的强烈影响而实现的。社会资本的生成逻辑可以描述为一个以主体间共识为起点，以具有集体行动力的关系资源网络的形成为终点并循环上升的系统过程。主体间由交往而产生某些共识，包括价值目标、价值实现方式、价值行为评判等等，基于这些共识，主体间产生信任，信任促进了交往与合作。随着交往与合作的深入，不仅共识得以扩大，信任得以累积，而且主体间的利益共同体关系得以强化，使共同体内

---

① 福山. 信任——社会道德与繁荣的创造［M］. 李宛蓉，译. 呼和浩特：远方出版社，1998：35 - 37.
② 李惠斌，杨雪冬. 社会资本与社会发展［M］. 北京：社会科学文献出版社，2000：228 - 229.

部成员因成员身份而在资源性行动中获得便利，在同共同体外部力量竞争中取得资源优势。为了保证这种由共同体成员集体行动所产生的强大支持力能够而且仅能够为全体内部成员所共享，共同体就要对其成员提出一些行为要求，形成共识性行为规范，如：集体理性优先、行为选择的他者视域、资源与行动的普遍互惠、对外集体排斥以避免资源外流而影响竞争优势，等等。社会资本网络成员要想从关系网络中获得资源性行动支持，就必须遵守共识性规范，否则将成为集体排斥的对象。由于网络成员认识到社会资本网络的强大能产性，所以都特别看重其成员身份，不会轻易违反共识性行为规范，毕竟这样做的后果将受到比制度更严厉的伦理惩罚。由此，秩序得以维护。

最后，网络社会资本为伦理性管理自为秩序的形成提供了有效的行为信息传播通道，增加了主体行为的可预见性和确定性。我们必须认识到，个体理性主义的行为动机是否会最终演化为非道德的失范行为，部分地取决于该行为信息的传播速度与范围，特别是负面信息的快速而广泛传播是否以及在多大程度上给该行为主体带来消极影响。当然，我们这里所说的非道德的失范行为主要指那些不惜损害他者利益和群体利益而使自己获益的行为，包括利用他人的信任和率先行动的劣势、有意隐瞒事实真相的欺诈行为、拒不兑现承诺行为、搭便车行为等等。这些非道德的失范行为在使自己受益的同时却损害着其他行为主体，包括商业合作伙伴或是消费者的利益。当各类行为主体共同处于一个关系结构相对松散、彼此互不熟悉、交往频度较低的关系环境中时，这种与非道德失范行为及其结果相关的信息的传播速度是较慢的，传播范围也是较小的，非道德行为及其给其他行为主体带来的伤害往往缺乏快速而广泛的可知性，这在一定程度上鼓励了非道德的失范行为，使失范行为主体可以以变换对象、变换领域、变换地域、变换身份等方式不断地从非道德失范行为中获利。

在由社会资本所提供的群体压力下，非道德失范行为的发生概率及其消极影响将被很大程度地压缩。网络是社会资本存在的主要结构特征，与信任、规范一道构成了社会资本的完整关系结构体系。网络记录着主体间交往的轨迹，网络密度则表征着行为主体间交往的频度。网络密度越高，意味着主体间交往越频繁，联系越紧密，同时也意味着网络所覆盖的行为主体的行为是道德而规范的，是可以被信任的。所以，网络在历时层面记录着行为主体的信誉度和行为的道德规范程度。社会资本存量越高的主体际关系网络，与行为主体行为选择过程和结果相关的积极或消极信息在主体间传播的速度就越快。或者说，社会资本网络越庞大，主体间的交往频度越高，信息传递及分享的效果越明显。"信息分享作用重大，没有这一点，用于解决困难或创造机会的行动力就会不足。"① 非道德失范行为一旦发生，便会快速而准确地为网络内的所有主体成员所周知。非道德的失范行为的制造者要么即刻终止该行为，要么准备接受集体的道德惩罚。网络社会资本给行为主体提供了相互交换信息的机会，破除了信息壁垒，构建了公开透明的交往环境。阿马蒂亚·森

---

① 萨利·毕培，杰里米·克迪. 信任——企业和个人成功的基础［M］. 周海琴，译. 北京：经济管理出版社，2011：38.

（Amartya Sen）认为："我们发现，问题不在于理性社会选择的可能性，而在于运用恰当的信息基础来进行社会判断和决策。"① 可以说，非道德失范行为在社会资本网络内部没有任何的生存空间。短视行为可能在一次交易或短期内满足了其逐利的动机需要，但从长远来看一定与其主观愿望相悖。

---

① 阿里蒂亚·森. 以自由看待发展 [M]. 任赜，于真，译. 北京：中国人民大学出版社，2002：274.

第三章　社会资本与管理民主化

　　管理民主化是科学管理的重要标志。民主参与是管理民主化的
具体实践路径。民主参与度则是管理民主化水平的重要衡量尺度。
卡尔·科恩（Carl Cohen）认为，"民主决定于参与——即受政策影
响的社会成员参与决策。"① 民主参与一般涉及有多少人参与、哪些
人参与、这些人参与到哪些问题、在哪些环节上参与、参与的效果
如何等问题。从参与度的角度来说，民主参与关键要解决好参与的
广度、深度和效度问题。其中，广泛参与是基础，深入参与是关键，
提升参与质量和效能，促进参与行为向科学管理目标的成果转化是
最终目的。管理民主参与度的提升取决于两个方面的因素：其一是
参与者，其民主参与的意愿、能力、价值取向等等；另一方面是组
织者，其制度开放的意愿、空间、程度等等。这些具体因素从两个
向度上决定着管理民主参与的广度、深度和效度，决定着合理化建
议能否被制度吸纳并转化为科学的制度实践，决定着管理民主化实

---

① 科恩. 论民主 [M]. 聂崇信，等译. 北京：商务印书馆，1988：12.

践的效能与成败。嵌入在管理行为主体间关系中的社会资本，将以其独特的结构优势发挥价值整合、理性融合、秩序规范、信息传导等功能，推动管理民主参与实践的发展，提升管理的民主化水平，从而推动科学管理目标的实现。

第一节　信任社会资本：管理民主化的价值与理性基础

开放的制度空间并非总能迎来广泛的民主参与。制度设计者可能会理想地认为，在民主的制度业已建立、制度空间充分开放的情况下，利益相关者特别是制度对象都应该理性地沿着制度路径参与到民主管理实践中来。但实际情况有时并非如此。帕特南对美国选民人数大幅下降的事实性描述恰恰验证了这一点。在民主选举制度空间向美国民众充分开放的情况下，选民的参与热情却在下降。这些选民为什么会缺少参与热情？帕特南把它归结为美国社会资本的下降。虽然帕特南本人也承认，在较大的社会群体中，社会资本对集体行动的解释力会变弱，但他并没有放弃从社会资本身上寻找美国民主下降的真正原因的努力。帕特南凭借先前对意大利北部地区研究的经验，把社会团体这种本应是社会资本载体的利益关系共同体视为社会资本存在的事实性依据，从而将民主政治实践与社会生活紧密地联系在一起，使社会生活成为民主政治的实践场和锤炼场。从帕特南所使用的"独自打保龄球"这一隐喻中可以看到，美国民众不愿参与的还不只是选举这样的政治生活，甚至连打保龄球这样的社会生活也不愿意参与。这一事实从一个侧面反映出美国社会结构的日渐松散和社会关系的日渐疏离。

在制度空间开放的前提下，普遍的民主参与取决于普遍的价值认同。很难想象在缺乏价值共识的情况下，能够形成普遍参与的集体行动。在这里，行为主体普遍认同的"价值"事实上包含两重含义：其一是民主参与实践所追求的价值，其二是民主参与实践本身的价值。没有人会愿意参与到自己并不认同的价值实践活动当中，也没有人会愿意参与到自己认为毫无价值可言的实践活动当中。面对自己并不认同的行动价值，或者面对自己认为毫无价值的社会行动，社会成员在民主参与方面都会或多或少地表现出消极、冷漠，甚至对抗。相反地，"那些在迎接每天的任务和挑战中感到更有效果的人们，更有可能积极地参与政治活动……地方政府允许民众参与的地方，能够培育一种效能感，这种感觉可以传播到整个国家的层面。"①

帕特南关于美国公民政治参与问题的研究恰恰说明了上述问题。应该说，美国的民众并非自始至终都缺乏参与热情，因为这并不符合美国社会的个体理性逻辑。同时，美国的政治候选人在其竞选演说中也并非没有触及公众关心的问题，因为他们都清楚哪些话题能够引起公众的共鸣从而赢得公众的选票。导致部分公众不愿参与选举投票的原因也许可以这样来解释，在多年民主实践中得到充分理性锤炼的美国公众对政治民主参与实践本身的价值正在逐渐丧失认

---

① 佩特曼.参与和民主理论 [M].陈尧，译.上海：上海世纪出版集团，上海人民出版社，2006：45.

同，特别是在某些竞选丑闻的催化作用下，他们对竞选者价值理性的真实性及其兑现公众承诺的能力和可能性逐渐失去信心，不再甘当某些"政客"和政治利益集团的工具。他们更善于运用自己的理性能力去思考和判断政治参与行为本身的价值。当社会成员的共识性价值诉求无法从其民主政治参与实践中得到满足，并对民主政治参与实践本身形成"毫无价值"的普遍共识时，理性的社会成员会重新思考这场民主政治参与实践的自我相关性，重新做出符合自身理性逻辑的民主参与行为选择，重新定位自己在国家政治生活中的角色。美国政治选举投票率的下降作为美国部分民众理性行为选择的结果，反映出美国民众的政治参与热情在极大程度上受到了其对民主参与实践消极价值认识的影响，并未在参与实践本身的价值方面形成普遍的认同。所以说，价值认同决定着管理民主参与这一集体行动实践的发生和发展。只有当行为主体群体普遍地认为他们事实参与了或者即将参与一项有价值的民主实践活动时，他才会选择参与。

一、信任社会资本可以增进管理行为主体间的民主参与价值共识

信任社会资本有助于增进行为主体间的价值共识并促进以实现共识性价值为目的的民主参与实践。正如上文所言，人们更倾向于参与符合他们的价值逻辑或者是他们认为确有价值的实践活动。共识性信任的基础是行为主体间的价值共识。价值共识在内容上是极其丰富的，包括价值目标、价值实现方式、价值行为规范等等。基于价值共识而形成的共识性信任对理性行动者来说具有较强的稳定性。一旦共识性信任关系建立，就意味着具有行为指导性和行为约束力的信任社会资本在行为主体间得以生成。基于价值共识和共识性信任关系而形成的信任社会资本能够帮助行为主体在行为选择前做出正确的价值判断，并指导和约束共同体成员的行动。共识性信任关系具有相对稳定性，却并非不可调整。正如它的确立过程一样，共识性信任对价值共识的调整也需要共同体成员的共同参与。因为信任关系的存在，共同体成员间可以坦诚地交流，就某些共同关心的问题开诚布公地交换意见和想法，而不会因为害怕说出真实的想法会被恶言中伤或恶意伤害而宁愿选择随声附和或沉默不语。大家都能对别人的看法提出自己真实的意见，因为大家都知道相互之间是值得信任的，都是出于共识性价值实现的善意。正是因为信任关系的存在，当行为主体并不能根据价值认知判断是否应该参与某项价值实践时，他更倾向于向值得信任的共同体成员寻求帮助，了解共同体成员对于此项行为选择的普遍看法。当管理民主参与实践的价值诉求符合共同体成员普遍的价值认知逻辑时，共同体成员将会普遍地参与其中。

信任社会资本为行为主体提供了关于参与行为结果的相对确定的和理想的预期。诚如上文所述，如果行为主体普遍认同所要参与的实践的价值，普遍的民主参与将从一种理想转变为现实。如果该行动并未获得普遍的价值认同，共同体也会相应地给出行动的意见，要么是保守的集体不参与策略，要么是积极寻求改变的集体参与策略。对共同体未来行动策略的认知，可以帮助行为主体对参与行动的结果和参与行为本身的价值进行预判。对于行动者个体而言，无论理性视角多么的复杂，他都会将信任、声誉纳入理性计算之中，最终会选择服从集体理性。如果集体选择参与，个体便有义务做出同样的行为选择，否则可能被视为"非道德"的行为；如果集体选择不参与，个体可以理性地分析自身的冒险行动并不会获得共同体的支持，并且可能牺牲个人声誉，因此自然会理性地选择不参与。因为毕竟在共同体成员看来，与社会资本网络内其他大多数成员在行为选择上保持一致，才更符合集体理性的逻辑，在社会资本网络内，"值得信任"和"良好的声誉"比其他现实利益更重要。

信任社会资本以增进主体间价值共识的方式推动管理民主参与实践的发展。但是，这种推动是有条件的。在信任关系凝结的共识性价值为善的前提下，信任社会资本是否会推动民主参与完全取决于民主管理实践本身的价值取向，是善还是恶，服务于民主管理实践的民主参与制度是真还是伪，民主化道路本身是尊重多数人意见的实质民主，还是满足少数人权力欲望的形式民主。由此印证了我们先前的观点，美国投票率下降的原因可能不只是社会资本的下降，更可能在于美国的票决民主并不能真正满足社会价值诉求，民众通过投票行为选出的利益代言人往往无法兑现其公众承诺，由此折损了民主参与实践本身的价值，进而影响了公众政治参与的主体性。

二、信任社会资本为管理民主参与实践提供了集体理性视角

最终支配行为主体选择参与民主管理实践的是人的理性。在上文对信任社会资本提供民主参与的价值基础的分析中，事实上隐含了这样的意思。人是理性与非理性的结合体，但非理性要服从于理

性。信任社会资本的存在可以使共同体成员找到安全感、归属感、可依赖感，但这些表面现象背后所隐藏的是行为主体的理性计算。因此，信任的界定是件复杂的工作。罗伯特·萧（Robert Shaw）认为，信任就是"坚信我们所依赖的人能够满足我们对他们的预期"①。正是靠着这种坚信，社会及社会关系才能从纷繁复杂逐步走向清晰简单。伯纳德·巴伯在其《信任的逻辑和局限》一书开篇，较系统地梳理了社会科学领域曾出现过的对"信任"的经典性解读。从这些分析中我们可以清晰地看到，信任的确包含着一种情感依靠与情感支持，但更精确的理解应该是个体总是在理性地思考与哪些人为友对自己更有利。人作为社会存在总是要生活在社会关系之中并与人交往，只有与那些相对来说具备正直、正义等特质的人建立信任关系才更安全，对自身发展才更有利，这是人的自保心理。因此，人都是理性的存在物。信任社会资本正是在人们理性地认为选择相信比选择不信任对自己来说更好这样的共同理性选择下才得以建立。信任社会资本尊重了人的理性选择，并保留着这样的理性传统。特别是当信任社会资本实现了行为主体的理性预期，给行为主体带来莫大的行动便利时，人们便更加重视声誉、友谊这些构成信任的元素，自觉地选择与共同体相一致的行为。同样在参与民主管理实践的问题上，当共同体价值观要求其成员采取集体参与或集体不参与的行为时，行为个体基于信任社会资本的理性吸引力和潜在压力也会选择服从的行为。同上所述，在共同体价值观为善的前提下，无论共同体是出于推动还是改变民主管理实践的目的，信任社

---

① 萧. 信任的力量［M］. 王振，译. 北京：经济管理出版社，2002：26.

会资本都将促进集体民主参与的实现。

　　个体理性的持续作用也可能使管理民主参与实践归于失败。正如我们在前面所谈及的，行为主体理性的自利行为不一定是不道德的，因为它满足了个体从安全、幸福角度出发的理性的需要，但是这种行为选择几乎是伦理所不能接受的。我们还是沿用先前的分析思路，假如民主管理实践本身的价值为恶，共同体从伦理的角度应该出面主持正义，那么集体参与行为就是正义的，但行为主体却可能因为恐惧参与行为会遭到某些势力的打击报复而选择理性自保不参与，那么普遍的个体理性将导致集体的非理性。同理，假如民主管理实践本身的价值为善，共同体成员均有义务参与到民主管理实践当中，这种行为既符合道德，也符合伦理和信任社会资本的总体要求，但行为主体完全可能理性地认为公共参与所推动的管理实践的发展对于全体成员来说是公共物品，行动成果是共享的，只要不被其他行为主体察觉，不参与既节约成本又能达到分享的目的。行为个体可能采取理性的"搭便车"的行为而不是民主参与，如果此种理性投机主义在共同体内蔓延，其结果只能造成民主管理实践归于失败，共同体将因此而受害。

　　以上分析可能给人一种直观感觉，在社会资本情境下行为主体选择参与民主管理的过程仍然较为复杂，但本书认为人的行为的价值判断和理性思考是作为有理性的人在行动之前必须经过的过程。否则就是盲从，而不是民主。社会资本从其建立之初就表现出对人的理性的极大尊重，这一点是毋庸置疑的。信任社会资本的存在已经大大简化了行为主体参与民主管理的行为选择过程。信任社会资本靠着强化过去，简化现在，来应对复杂的未来。人类正是依靠信任的力量通过与确定的过去联手，来实现对不确定的未来的超越。因此，信任可以增强行为主体行动的信心和勇气，靠着信任，人们打开了通往集体参与行动的大门。正如上文所述，人的理性选择并未因信任而终止，行为主体在参与的道路上仍然存在风险，但信任社会资本却使行为主体在民主参与的道路上迈出了第一步，也是至关重要的一步。此外，这两种正反情况的分析还说明了一个道理，个体理性的无限膨胀对民主参与构成巨大的威胁，单靠信任社会资本还不足以对其实施有效的惩罚。因此，我们在探讨了信任社会资本对管理民主参与的价值与理性功能基础上，还要进一步分析其他社会资本形式对管理民主参与实现的作用。

第二节　规范社会资本：管理民主化的规则与秩序基础

　　如果说信任社会资本推动行为主体迈进了管理民主参与的大门，那么规范社会资本的存在意义在于使行为主体群体在管理民主参与的道路上前行得更好、更快、更远。从主体间性意义来说，社会资本也是一种参照他人、规范自己的行为规范力量。这种规范包含了指导与调整（纠偏）两方面内涵，即科尔曼所说的"规范"与"有效惩罚"。行为主体必须明确什么样的行动是共同体所支持的和允许的，什么样的行动是共同体所禁止的和授权予以制裁的。规范社会资本以规范行为主体的行为选择为基本内容，保证共同体行动的秩序性,从而增加民主参与实践的确定性和结果的可预知性。规范性和秩序性对于民主参与实践中的管理行为主体来说,是其群体利益和个体利益共同达到最大化的根本保证。

一、规范社会资本为行为主体参与民主管理实践确立了道德行为准则

在行为主体群体参与民主管理实践的集体行动过程中,信任社会资本往往无法单独成为个体理性的有效制约力量,需要规范社会资本的及时介入。规范社会资本的介入,一方面可以引导参与主体做出符合价值行为规范的行为选择,另一方面可以纠正某些受个体理性束缚而做出的非道德行为选择。

规范社会资本为参与主体的行为选择设定了道德评判的伦理框架。前文已述,个体追求利益最大化和个人幸福的行为在一部分道德哲学家看来,并非不道德的。但是,这种个体理性行为选择放在社会资本的情境下,则极有可能是不道德的,因为此举损害了共同体成员间的彼此信任,破坏了成员共同制定的行为准则,突破了互惠性的主体际关系框架。因此,在社会资本情境下,人的行为选择是否具有道德内涵,要从行为主体间关系的角度去考察,应该为个体行为选择的道德评判添加伦理的视角。规范社会资本要求个体的行为选择与集体保持一致。共同体所做出的决定是进行了公开讨论并进行了充分的价值论证的。这种共同参与比共同不参与对共同体及其成员全体有利的决定一旦做出,便赋予了每个行动者以行动实现价值的权利,同时规定了其必须做出价值行为选择的责任与义务。

无论是出于惩恶还是扬善的行动目的，所有行为主体在风险与收益面前是平等的共担与分享的关系。个体只有行动的权力，没有逃避责任的权力。担负有效惩罚功能的行为规范可以保证指导性行为规范能够被参与者严格地遵守。伦理性规范看似不如制度性规范那样具有强制性，实质上却是一种比制度性规范更加严厉的行为惩罚手段。制度的惩罚方式限定在条文框架之内，伦理性惩罚方式的选择则自在人心，其严厉程度往往超越了制度性惩罚。在规范社会资本框架下，行为失范者被剥夺的不仅是法律所规定的行动的机会，还可能是主体间伦理关系框架下的"信任"，社会资本语境下的"信任"所代表的则是生存的机会和交往的权利。

二、规范社会资本为行为主体参与民主管理实践提供了合作秩序

"我们之所以能够相互理解，彼此相处，并能成功地按照我们的计划行动，这是因为在多数时候，我们文明中的成员无意识地遵从了某些行为模式，从而在其行动中显示出某种规则性——这种规则性不是命令或强制的结果，甚至也不是有意坚持已知准则的结果，而是牢固确立起来的习惯和传统导致的结果。我们生活的世界之所以井然有序，我们之所以在这个世界上不致迷路，都是因为我们遵守了这些惯例。"①

管理民主参与需要有秩序。秩序是民主管理稳定均衡发展的基

---

① 哈耶克. 自由宪章 [M]. 杨玉生，冯兴元，等译. 北京：中国社会科学出版社，1999：96.

础保证。帕特南本人非常重视参与秩序对推动民主发展的积极作用。意大利北部地区继承并保留了自 12 世纪开创的公民文化传统，在那里布满了合唱团、互助小组、劳动组合等社会团体。这些社会团体承载着大量的社会资本。这些团体中的成员遵循规范社会资本的要求，采取一致性的集体行动参与到社区建设与政府活动当中，有力地推动了北部地区的民主实践、政治发展与经济发展。正是社会资本所创造的横向联系推动了意大利北部地区社会、政治秩序的建立，有效地提高了制度的绩效。意大利北部地区的成功实践有力地批驳了一些理论家对社会资本的偏激看法：

"社会结构，特别是那些实施了有效社会控制的众多社会组织的存在，对国家大幅扩展自己的力量，起着决定性（消极的）影响……在诸多社会中，尤其是新兴国家中，重大的斗争所涉及的是，国家是否能够赶走社会中的其他组织，这些组织制定的各种规则违反了国家领袖的意志和目标。"①

参与秩序保证了参与行动的同一性，因此，无论何种管理方式都试图追求秩序性，以求得管理的稳定与均衡状态。

规范社会资本通过促成行为主体间有效合作，为管理民主参与提供了合作式秩序。总地说来，管理的秩序性有两种产生方式，一种是强权的暴力秩序，另一种是民主的合作秩序。这两种方式虽然都能达到某种管理秩序，却会使整个组织及管理活动走上完全不同

---

① 帕特南. 使民主运转起来 [M]. 王列, 赖海榕, 译. 南昌: 江西人民出版社, 2001: 207.

的两条道路。前者建立的基础是组织中的绝对权威和组织成员间行为能力的巨大差别。强权的目的是实现更多成员的积极的和有效的配合。理性的成员虽然能够感觉到这种强权秩序与民主秩序在影响人的生存状态方面所表现出的巨大差异，但他们在缺少某些有力证据以支持其做出改变性决策前是不会付诸任何具体行动的。因为，他们并不清楚周围哪些人是可以信任的，也不清楚其改变性策略和行为方式会得到哪些人的支持。相反的情况，在社会资本存量充足的情况下，行为主体间可以通过合作的联合方式改变参与的被动方式，重建参与的秩序。

合作式参与秩序是寻求民主管理稳定均衡发展的另一种秩序形式，其作用机理在于通过行为主体间合作关系的建立，达到自主参与、理性参与、有效参与的目的，与被动参与相比是一种主动性参与，或者可以说是一种能够彰显主体性的参与行动。互惠规范在行为主体间合作式参与秩序的建立中起到了关键性作用。前文已述，社会资本所提供的互惠规范是区别于均衡性互惠的普遍性互惠规范，其作用机理与新制度经济学所阐释的关系契约有些类似。普遍互惠规范更适合于解释历时性的交往活动。当交往活动以重复博弈的形式出现时，普遍互惠规范对行为主体行为选择的约束力得以显现。民主管理参与活动正为普遍互惠规范提供了类似于重复博弈的作用场域，以合作的方式参与民主管理实践的诸多行为主体在行动方案、各自的权利与义务等方面做出共同的约定。在某一次参与实践中，行为主体间的行动成本与行动收益可能是不均衡的，但随着共同体参与实践的扩展与经验积累，最终会实现成本与收益的均衡状态。

规范社会资本作用下的合作式参与秩序的建立，不仅保证了管理实践的稳定与均衡，而且更加具有民主的色彩，为管理民主实践的发展提供了秩序上的保证。

合作参与秩序的深层价值含义在于扩展民主参与的深度。也就是说，真正的民主参与不能浮于表面和流于形式，必须是有深度、有内涵的。行为主体在民主参与中所要争取的是行动的自主权，特别是自我工作（闲暇生活）的决定权，具体包括工作时间、方式、报酬等等，这才是真正的民主管理。以往，上述这些权力都是由管理层少数人控制的。如果合作参与秩序无法实现这些目的，行为主体会对行动准则与合作秩序失去信心和兴趣，规范社会资本存在本身也就失去了意义。佩特曼总结了有关"参与"的三类代表性观点：

"参与一词通常指在上级所负责的事务中下级有较高的影响力……参与就是雇员而不是管理者在影响他们的工作的管理决策中发挥积极作用的过程……指所有在组织中下级由下至上的行使权力的过程，这一过程被他们自己和上级认为是合法的。"①

现在的问题已经很明确，传统管理向民主管理转变的关键环节在于如何通过有效的参与行动，打破少数人独揽对多数人的控制权。既然行为主体普遍地认为自我控制权是有价值的，共同体便把其设定为集体行动的目标。规范社会资本要求所有行为主体均一致地参

---

① 佩特曼. 参与和民主理论［M］. 陈尧，译. 上海：上海世纪出版集团，上海人民出版社，2006：64.

与到追求自我控制权的集体行动中。既然这些控制权原本是由管理层少数人来把持，那么共同体所要参与的就不是其他的管理活动，而是管理的决策活动。共同体以集体的名义要求在决策活动中与管理者分享关于共同体成员的控制权。除了参与管理决策活动外，集体谈判也可以成为共同体谋求控制权的集体行动的一部分。在谈判前，由共同体成员共同拟定谈判合同，合同规定着以自我控制权为中心的权利内容。这种通过集体谈判获得的自我控制权的方式是合作参与秩序的扩展，自我控制的良好效果在英国杜尔翰矿厂的"复合组织"、英国考文垂汽车工厂的"团伙制"民主管理实践中得到了验证。

　　总体来说，规范社会资本为参与民主管理的行为主体提供了行动的伦理准则，提供了合作的参与秩序，有效地保证了集体参与行动的连续性、稳定性与创造性。但是，保证规范社会资本效力的是相应的伦理惩罚措施，理性的行动者在预知自己的失当行为会受到共同体的伦理惩罚的情况下，必定会选择更安全有利的行为，但仍有行为主体极富冒险精神，在集体参与行动中，既想获利又想逃避责任。问题在于，此类行为主体的失当行为如何被及时而广泛地觉察？否则，此类行为的普遍化仍将导致集体参与行动以失败告终。社会资本为我们准备了另一层结构性保障，即网络社会资本。

第三节　网络社会资本：管理民主化的
信息与交往基础

网络社会资本是社会资本又一重要表现形式。网络提供了行为主体间交往的平台，成为信息交流、资源交换的重要媒介。网络社会资本的基础性作用越发引起理论者的重视。他们逐渐把能够反映出交往频度的网络密度视为衡量社会资本存量的重要标准。网络社会资本对于管理民主参与来说具有重要意义，其重要性体现在两方面：其一，行为主体个体通过网络获取信息，转化为参与行动必要的知识准备，参与的主体能力得以提升；其二，网络社会资本为行为主体提供了彼此间持续交往互动的平台，主体间关系因持续交往而日渐密切，信任得以积累，规范得以强化，增强了网络集体参与行动的一致性、规范性与有效性。科恩在谈及民主参与的基础条件时谈到了作为智力条件的信息要素和作为媒介条件的报纸、杂志、电台、电视等通信网络要素。只是在科恩的信息传递概念中忽略了十分重要的一种媒介，即人际关系网络。网络社会资本的研究从某种意义上来说恰好弥补了这种缺憾。网络社会资本所提供的知识和交往构成了管理民主参与的重要基础。

一、网络社会资本为主体参与提供了可靠的信息依据

可靠的信息是行为主体参与民主管理实践的重要依据。信息是

人的理性发挥作用的必备条件，信息的缺失或失真都会直接影响人的理性判断，使之无法进行准确的理性判断并依此进行理性行为选择。共同体集体参与民主管理实践是行为主体间经过理性思考所达成的一致共识。共识的最终达成包含了主体间的信息交换和理性博弈过程。共同体存在的价值在于为共同体成员谋求最大的幸福，完整可靠的信息可以尽量避免共同体做出有缺陷的思考和行为决定。可靠的信息可以降低集体参与行为的风险，增强共同行动的信心和行为主体所共同面对的未来的确定性。

网络社会资本为行为主体获取有价值的参与信息提供了通道。西蒙解释了人的理性的有限性在于人并不能认识全部的外部世界。对于行为个体的人来说，其认知外部世界的能力就显得更为有限。因此个体行动者需要通过与其他行为主体交往，以增强自身认识外部世界的能力并获取更多的行动支持信息。人通过联合的方式使自身认识外部世界的能力和抵御外部风险的能力得到明显增强。网络社会资本的存在为其内部成员提供了信息交换的平台。社会资本的共享性可以使其内部成员平等地分享网络内的信息资源。网络规模越庞大，网络内所汇集的信息在种类和数量上就越发显得丰富，网络成员获得有价值信息的概率就越高。一些关于管理民主参与制度的信息、成员关于参与行动的普遍态度、行动策略等方面的信息在网络社会资本的支持下是很容易获得的。反之，在缺少社会资本支撑的情况下，更多的独立行为个体则可能因为行动信息的缺失转而选择更为安全的不参与行为。分享信息是网络成员的权利，同时也要求其履行与其他行为主体分享信息的义务。并且，社会资本规范着行为主体必须提供真实的信息，而不能恶意地隐瞒、歪曲事实。更不能利用其他成员所提供的信息，使其处于危险的境地。网络社会资本的信息分享特征增强了行为主体参与民主管理实践的信心和能力。

网络社会资本的信息交换功能增加了功利主义参与行为的机会成本。所有关于共同体成员的正面与负面信息都会在网络社会资本内部迅速传播。正如上文所述，信任社会资本和规范社会资本并不能完全避免机会主义参与行为的发生。规范社会资本只能对那些企图骗取他人信任的行为主体形成有限的压力。这些人在巨大的利益诱惑面前，甘冒被惩罚的风险却铤而走险，其原因在于他们对自身失当行为能否被其他人所觉察抱有侥幸心理。网络社会资本的存在使这种侥幸心理彻底破碎。在强大关系网络的作用下，任何"搭便车"行为、欺骗性行为都很容易被发现。这种不诚信的负面信息在网络内会快速传播，其后果不言自明。因此，行为主体无论是在单独交易还是共同参与行动中都不敢轻举妄动。

网络社会资本的存在不仅促进了信息的水平流动，而且更有可能促进信息的垂直流动，进而扩展了管理民主参与的范围。网络社会资本在帕特南那里被称为公民参与网络。对于公民个体而言，既可以参与到水平网络当中，又可以参与到垂直网络之中。科尔曼自己也承认，信息在垂直网络中的流动不如在水平网络中的流动有效率。

"其原因部分在于，下属为了免受剥削而对信息有所保留。更为重要的是，那些支撑互惠规范的惩罚手段，不太可能向上实施，即使实施了，也不太可能被接受。只有那些缺少与同伴合作、胆大而莽撞的下属，才会寻求惩罚上级。"①

因此，在垂直关系中由于主体间的权利与义务并不对称，彼此间很难取得共识和建立互信。网络社会资本主要指的是行为主体间的横向联系。这种横向联系的加强可以以共同体的形式将集体价值诉求方面的信息以集体行动的方式向上传递，更有可能引起上层结构的重视。共同体成员数量越庞大，信息在纵向传递中取得的效果越好。同时，由于横向联系的加强，共同体成员可以获得更多涉及自我控制权方面的管理信息，这些信息在网络社会资本内部分享。有价值的信息受到普遍的关注，最终转化为集体参与的行动。因此，网络社会资本的存在，既有利于内部成员间的横向信息沟通，也加强了共同体与管理层之间的纵向联系。管理民主参与的范围因此得到扩展。

二、网络社会资本为主体参与提供了交往互动的平台

管理民主参与需要以交往为基础。交往简单地说就是人与人之间交互往来。交往反映了人的社会属性一面。交往使人突破了自我存在的局限，能够在更广阔的世界里探寻自我存在的价值及其实现方式。交往使人能够互相传递思想、表达情感、沟通需要，是增进共识与信任，消除误解与矛盾的基本方式。交往实践与生产实践共同构成了人类社会实践的基本内容。从霍桑实验开始的人际关系理

---

① 帕特南. 使民主运转起来 [M]. 王列，赖海榕，译. 南昌：江西人民出版社，2001：205.

论研究，以及卢因、西蒙等组织行为学家的研究中可以看到，交往实践对生产实践产生着巨大的影响。因此，管理民主化水平的提高，首先要做的就是为管理行为主体提供良好的交往环境和交往平台，充分地交流思想、沟通情感，从而锤炼了民主的性格，提高了行为主体参与民主管理实践的勇气与能力。网络社会资本为行为主体提供了频繁交往的机会。网络的密集程度标示着行为主体间交往的频度。网络社会资本的交往意义更在于促进了行为主体间的频繁交往，而持续的交往则可以鼓励可信的行为，更可以鼓励为了公共利益的合作。网络社会资本的存量标示出过往行为主体间交往的成功实践，在行为主体追求确定性的心理作用下，未来的合作也更容易在此基础之上进行。

网络社会资本要求行为主体遵守平等互惠的交往规则。社会资本网络是横向关系网络，网络中的行为主体具有平等的地位，共享社会资本网络所提供的资源及收益，分担集体行动的成本和风险。互惠性是行为主体间达成的基础共识，理性的行动者希望通过主体间联合扩大共同的利益。作为行为个体而言，他更关心的是在共同体行动中，个体的利益是否随公共利益的扩大有所增加。在单独交往过程中，权利的委托者关心的是权利受托方能否在未来自己需要的时候对方能够履行先前的承诺。平等互惠原则以内化的方式引导着行为主体的行为选择。平等互惠原则指导下的成功交往实践增强了行为主体间的信任度，巩固了行为规范，并积极地促成主体间持久的合作与交往。从这一意义上说，社会资本的其他两种形式在网络社会资本所提供的交往环境中均得以积累。

第四章　社会资本与管理效率

　　效率是管理效能的重要评价标准，也是管理活动所追求的目标之一。一般而言，如果我们能在更短时间内取得更好的管理效果，那么我们认为这样的管理活动过程就是高效的。在这里，我们重点谈一谈社会资本对管理决策、行为管理、资源配置三项管理活动效率的影响。

第一节　社会资本提升管理决策效率

　　从科学主义植入管理科学开始，管理从未停止过对效率的探索与追求。西蒙关于"管理就是决策"的论断，精辟地阐释了决策效率在整个管理效率体系中的重要地位。我们所称的决策是一个从信息搜集到后期评价的全过程，决策效率事实上包含着对决策效果的评价，不计后果的快速决策是毫无意义和探讨价值的。管理决策活动具有马克思主义认识论的基本特征。决策的有效性必须接受实践的检验，具有社会历史性。详细分析决策过程，我们发现决策活动事实包含了三个密切衔接的阶段，即从感性认识上升为理性认识的阶段、从理性认识作用于管理实践的阶段，以及管理实践的反思阶段。对决策环境的认识属于决策的感性认识阶段。决策因素的客观存在以信息的方式折射在决策主体的感性认识当中。对信息的进一步加工、制作属于感性认识走向理性认识的过程。决策的执行及结果的反馈则属于认识对实践的系统反思过程和总结升华过程。所以从认识论的角度来看，没有最终的决策，而只有永远解决不完的决策问题。面对无限的决策难题，决策主体的主动性和创造性就显得尤为重要。离开了决策主体的主动性，相当一部分决策问题就不会被关注；离开了决策主体的创造性，管理决策只能是机械式的程序演算。管理决策的科学性、有效性从认识论角度来看，由决策的效果反映，即管理实践对决策认识的检验。一切符合管理实践发展规律的决策都能带来良好的实施效果。所以，决策的低效与失效的背后不是别的，恰恰是决策主体对决策环境，以及决策实践发展规律认识不清所造成的，反映在决策过程中就是决策的感性认识模糊和理性认识缺陷。

一、认识管理决策

决策是管理的核心，贯穿于整个管理活动过程。决策是管理活动的基本内容并贯穿于管理的全过程及各个方面。决策简言之就是做决定，决策反映了管理的目的，决策意味着选择，决策本身也是一个系统的过程。20世纪30年代，美国学者巴纳德最早将决策概念引入了管理学的研究当中。在巴纳德的社会系统组织理论之后产生了以美国卡耐基－梅隆大学教授西蒙和马奇为代表的决策理论学派。决策理论将行为科学、系统学、运筹学、计算机科学等综合运用于管理决策问题的研究之中，形成了相对完整的决策研究理论体系。他们认为，决策是一项贯穿于管理全过程的活动。管理就是决策，决策是管理的最核心内容。决策效率的高低直接影响着管理效率。西蒙认为管理决策是由个体决策所组织的决策系统。加入或退出组织，是否信仰组织的价值观以及采取行动与否都是个体决策的具体表现。"西蒙在《管理行为》中曾指出，所谓同组织一体化，就是个人在做决定时采用组织决策的价值标准，即用组织目标代替个人目标的过程，或组织把其成员的某些决策权接收过来而代之以组织的决策过程。"①

决策是理性与非理性作用相统一的选择过程。从认识论的角度可以清晰地认识这一点。决策活动作为认识外部世界的活动起源于非理性但必然经过理性阶段，作为改造外部世界的选择活动依靠的是人的理性。"没有非理性，就没有理性，理性的存在是以生命的存在为前提的……没有作为人类的需要和情感的非理性，理性则不可能成为人的对象化的产物，非理性是理性产生的前提和基础。"② 非理性在认识发生特别是在其萌芽时期，有着非常重要的甚至是决定性的作用。随着认识的发展，非理性因素的地位逐渐让位于理性因

---

① 韩子贵. 管理思想概论［M］. 北京：经济管理出版社，2006：115.
② 何颖. 非理性及其价值研究［M］. 北京：中国社会科学出版社，2003：15.

素。换言之，社会资本对决策所提供的这种情感认同对于决策的效率同样具有不可逾越的障碍。科学决策因此不能单靠信任来完成，必须依靠理性对信任进行判断、筛选和整理。

非理性因素对决策的消极影响表现在"片面性""或然性""惰性"或"抑制性"三个方面。① 决策者从社会资本网络上获得的信息有的是正确的，有的是不正确的。片面地依赖信任进行判断往往使决策带有很强的主观性和惯性。

"有时，我们过于依赖某一局势或方法，认为这种商业模式已经获得了成功，那么它就必定能在其他地方获得成功。我们应该学会检验、质疑和证明我们的观念、思维方式和决策，而这些都需要有可靠的建议和诚实的顾问。"②

此外，一些非信任关系所传递的信息往往因此而被过滤掉了，给决策过程和结果带来不必要的损失。这些关于社会资本对于决策效率的负面影响也是值得我们注意的。

管理决策从认识过程来看具有马克思主义认识论特征。决策是人类的一种特殊的认识活动，是人的有意识、有目的的思维过程。③ 决策是人们在认识管理实践的基础上，通过信息管理实现了对管理实践的改造。在决策的过程中显示人类强大的选择性与创造性。马

---

① 何颖. 非理性及其价值研究［M］. 北京：中国社会科学出版社，2003：270 - 271.
② 萨利·毕培，杰里米·克迪. 信任——企业和个人成功的基础［M］. 周海琴，译. 北京：经济管理出版社，2011：35.
③ 杨伍栓. 管理哲学新论［M］. 北京：北京大学出版社，2011：131.

克思主义认识论遵循从认识到实践到再认识再实践的循环上升过程。在决策过程中，事实包含了两个密切衔接的阶段，即从感性认识上升为理性认识的阶段及从理性认识作用于管理实践的阶段。对管理环境的认识，对组织危机与机遇的认识，对管理资源的分辨都属于决策的感性认识阶段。这些管理的客观存在以信息的方式反映在管理主体人的感性认识当中。对信息的进一步加工、整理、制作、选择等是感性认识走向理性认识的过程。决策的执行阶段及执行结果的反馈则属于认识与实践的交互作用。所以没有最优的决策，只有永远解决不完的管理问题。面对无限的管理问题，管理主体的主动性和创造性就显得尤为重要。离开了管理主体的主动性，相当一部分管理问题就不会被人们关注，离开了管理主体的创造性，管理决策只能是机械式的程序。管理决策的科学性、有效性从认识论角度来看，是由决策的效果来反映的，即管理实践对决策认识的检验。一切符合管理实践发展规律的决策都能带来良好的管理效果。所以，决策的低效与失效的背后不是别的，恰恰是决策主体人对管理实践发展规律认识不清或有意违背这种规律所造成的，反映在决策过程中就是决策的感性认识模糊和理性认识缺陷。

二、不确定的管理决策环境

管理决策效率主要受决策环境的影响。影响因素主要有这样几个方面：一是信息的非对称性，二是人的有限理性，三是人的道德风险。这些因素可以总体概括为决策环境的不确定性，或者说管理决策活动和决策者处于不确定的决策环境之中。信息对于决策十分重要，信息掌握越全面、准确、及时、适用、经济，决策的效率就越高。信息有助于人们认清决策的来源、依据、成果。而往往现实的情况是决策所面临的所有资源中有相当一部分是不确定的，不知道哪些是朋友、哪些是敌人，决策就变成了一种类似赌博的行为。或者，把不确定型决策转变为风险型决策。西蒙反对古典经济学关于完全理性和最优化决策的主张，提出了有限理性和满意决策的概念。最优决策当然是人的认识作用于实践的完美状态。有限理性是从人的认识能力角度出发的。既然人不能认识全部外部世界，就不要追求所谓的最优决策。对于决策中的道德风险问题是我们借用了经济哲学中的一个概念，道德风险原意指人的机会主义行为，契约的承诺者违背自己的承诺追求利益的最大化的经济理性行为。借用这个概念用于管理决策是因为，在决策过程中，违诺行为的出现会极大地增加决策的风险，降低决策的效率。

不确定性是个复杂的问题，并且可以用来诠释管理及管理决策的环境性特征。如施瓦茨（Mel Schwartz）所言：

"这个世界总是充满了不确定性。如果说以前的不确定性程度比较低的话，那也只是个表面现象。事实上，世界总是存在各种各样的不确定性。以前是这样，现在是这样，以后也会是这样。"①

不确定性与风险性有相似之处但有本质的区别。这两个概念同样来源于经济学领域。当我们对未来无法判定其正负结果的时候，

① 克雷纳，迪拉伍. 商业万象：与世界顶级管理大师的对话 [M]. 江卉，维益，译. 北京：当代中国出版社，2005：55.

我们就陷入了不确定的困境。而风险性至少让我们知道成功的概率有多大。正如奈特所言：

"风险和不确定性的差异体现在以下。对于风险而言，一组事件的结果的分布是可知的（要么通过先验计算，要么由对过去经验的统计获得）。正是在这个方面，不确定性不同于风险。不确定性的情况往往独具个性，不可能形成一组事件。"①

如同管理中处处存在决策行为一样，不确定性也随处可见。引发不确定的因素有很多，至少可以涵盖前面我们分析的影响决策效率的前三个方面，即信息、有限理性及道德因素。对于决策来讲，我们可以用决策不确定性来表述决策困境。在科学管理出现之前的经验管理时期，人们通常用经验来应对管理的不确定环境。科学管理试图通过技术手段和物质刺激来规避不确定性，例如对生产流程的严格控制。行为科学试图通过环境改造和行为激励来规避不确定性。事实证明都只取得了一定的效果。这里有两个问题。其一，怎样认识管理中的不确定性，不确定性是必然的还是偶然的。其二，管理中的不确定性包含了环境和人两个方面，其中人的不确定性是矛盾的主要方面。所以试图以确定的手段解决不确定的问题的劳动是徒劳的。现代管理学在不确定性认识上以德鲁克《动荡时代的管理》为代表的一派认为不确定性是必然的，不确定性是创新的源泉。管理学必须以积极的态度来应对管理明天的不确定性。

---

① 奈特. 风险、不确定性和利润 [M]. 郭武军，刘亮，译. 北京：华夏出版社，2013：181.

三、社会资本消解决策环境的不确定因素

社会资本对于解释不确定性给管理决策带来的困扰提供了有益的路径。笔者赞同不确定性的必然性，但对不确定性给管理决策带来的麻烦同样持肯定意见。我们掌握的信息量越大，越易于我们的理性判断。社会资本是如何在解决了信息问题、有限理性问题和道德风险问题的同时解决了不确定性问题的呢？社会资本以信任为基础建构了资源网络，这种资源也包括了信息资源。信任的存在使人们愿意分享信息资源。这种分享具有良好的传递效果。"信息分享作用重大，没有这一点，用于解决困难或创造机会的行动力就会不足。"① 对于决策者而言，社会资本网络的存在使他们更容易获得大量的信息，而不是一道道的信息壁垒。量的积累对于管理决策的形成十分重要。人们甚至无须花费更多的时间来搜集相关信息，剩下的时间留给对信息的可靠性的判定。阿马蒂亚·森认为，"我们发现，问题不在于理性社会选择的可能性，而在于运用恰当的信息基础来进行社会判断和决策。"②

"阿罗定理中采用的民主机制是多数票决定，其信息基础只包括个人的偏好排序，不涉及某个人比另一个人更穷，收入转移中谁受益（与谁受损），受益或受损多少，以及任何其他信息（比如每个

---

① 萨利·毕培，杰里米·克迪. 信任——企业和个人成功的基础 [M]. 周海琴，译. 北京：经济管理出版社，2011：38.
② 阿里蒂亚·森. 以自由看待发展 [M]. 任赜，于真，译. 北京：中国人民大学出版社，2002：274.

人是如何挣得各自那一特定份额的）……实际上，森曾经证明，在掌握更多信息的条件下，自由民主程序达到的社会偏好可以满足理性条件。"①

在组织中，社会资本的存量越丰富，信息量就越大，对于形成科学决策就越有利。许多不确定的因素在社会资本的作用下至少转换成了风险因素，即社会资本的存在增加了对于未来的可预见性，人认识外部世界的能力在社会资本的作用下潜移默化地得到提高。人的认识是客观见之于主观的活动。人的认识并非完全理性，其中必然包含非理性的因素。社会资本很好地运用了非理性条件改善了人的认识能力。情感是一个非常典型的非理性因素。"情感是人在生存和交往中对客观对象（物质世界、他人及其行为）和自身态度的内在体验的心理状态和心理反映。"② 在社会资本网络中，个体之间是有情感纽带相联系的。共同的价值观、共同的经历等加固了这种联系并经过实践的检验而逐渐形成相对稳定的信任关系。这种信任具有生产性和可传递性。

社会资本缺失将导致管理决策者做出有缺陷的思考。一个典型就是决策者的主观证实，而非客观证伪。决策者在缺少可靠的信息源的情况下宁可选择相信自己。社会资本缺失对决策的影响表现为独断的个体偏好和经验主义决策。此时的决策者会搜索一切信息来证实自己判断的准确性而忽略了客观存在的对于自己判断的颠覆性

---

① 阿里蒂亚·森. 以自由看待发展 [M]. 任赜, 于真, 译. 北京：中国人民大学出版社，2002：13.

② 何颖. 非理性及其价值研究 [M]. 北京：中国社会科学出版社，2003：207.

客观实际。决策者往往习惯于按照已经成熟的案例模式来决策，"这
会导致管理者不能正确评估当前战略的缺点，从而将忽略更合理的
战略。"①

第二节 社会资本提升行为管理效率

　　组织行为管理的目标是促成有效的集体行动。集体行动的效率
依托于可靠的个体的理性行为选择。什么样的行为对于集体中的个
体来说才是真正"理性"的？个体理性集合为非理性的无数实践告
诉我们，在集体行动中，只有那些以集体的、群体的目标优先实现
为前提的个体的行为选择，才是真正理性的。伦理性社会资本的引
入，从个体理性引导与行为规范的角度来看，是有助于组织行为管
理效率提升的。

一、高效集体行动：行为管理的目标

　　集体行动也称为集合行为或大众行为，是一个多人合作博弈的
过程。合作关系确立的共同利益与个体利益之间存在一定的张力。
乔恩·埃尔斯特（Jon Elster）主张：

　　"我们可以很宽泛地把集体行动界定为任何一种二元选择的局

---

① 萨利·毕培，杰里米·克迪. 信任——企业和个人成功的基础［M］. 周海琴，
译. 北京：经济管理出版社，2011：35.

势，在这种局势中，虽然对于任何一个人来说，做出不合作的选择会使自己更好，但是相比较而言，某些人做出合作性的选择要比全体都做出不合作选择对所有人来说都好。"①

社会学家郑杭生教授把集体行动的特征归纳为："人数众多""无组织性""行为者相互依赖"②。奥尔森（Olson）在《集体行动的逻辑》一书中并没有对什么是集体行动给出非常明确的概念。在奥尔森的话语体系中，集体被表述为集团，集体行动被表述为集团行为。奥尔森认为，"单独的个人往往被认为是为他们的个人利益而行事，有共同利益的个人所组成的集团被认为是为他们的共同利益而行事。"③ 集体是个体有目的的聚合。事实上，并不存在没有目的的组织，在集体与个体关系问题上，奥尔森强调：

"对组织进行系统研究的逻辑起点是它们的目的……有一个目的是大多数组织特有的，实际上所有侧重于经济的组织都以此为目的，那就是增进其成员的利益……确切些说，一些组织是出于无知才没有增进其成员的利益，而另一些组织是受诱使才只为其首脑的目标出力。但是不去增进其成员利益的组织往往会消亡……人们为了获得特别的好处，通过为生活的目的提供某些特别的东西而聚到一处；同样，政治社团看来是为它所带来的总的好处而自发地聚到一处并

① 埃尔斯特.社会黏合剂：社会秩序的研究［M］.高鹏程，等译.北京：中国人民大学出版社，2009：26.
② 郑杭生，李强，等.社会学概论新修（第三版）［M］.北京：中国人民大学出版社，2003：140.
③ 奥尔森.集体行动的逻辑［M］.陈郁，等译.上海：上海三联书店，上海人民出版社，1995：1.

继续存在下去。"①

从这样的表述中我们可以感觉到，集体与个体在以利益实现为核心的目的性行动中存在密切关联。人们的聚合是个体做出的理性选择，人们不会无目的地聚合，聚合的最初目的也是理性地意识到个体理性的有限性。普遍的个体利益诉求在集体行动中应该得到充分尊重，"当与组织相比，个人的、没有组织的行动能够同样、甚至更好地服务于个人利益时，建立组织显然就毫无意义了。"② 在这里，奥尔森一方面肯定了组织存在的意义与价值，组织的形式必须使其成员获得个体行动无法获得的利益。但另一方面，也表达了奥尔森对集体行动是否能发生的担忧。毕竟集体行动是个体行为选择的结果。如果个体理性选择个体行动，认为其结果优于集体行动，集体行动则归于失败。这即是奥尔森所要表达的集体行动的困境。

二、集体行动低效：行为管理的困境

传统理性主义从个体理性出发，认为个体利益在先的集体行动存在逻辑困境。奥尔森以理性经济人假设为前提，认为个体理性最终会导致集体行动的失败。集体范畴越大，集体行动就越难于实现。

"实际上，除非一个集团中人数很少，或者除非存在强制或其他某些特殊手段以使个人按照他们的共同利益行事，有理性的、寻求

---

① 奥尔森. 集体行动的逻辑 [M]. 陈郁，等译. 上海：上海三联书店，上海人民出版社，1995：5 – 6.

② 奥尔森. 集体行动的逻辑 [M]. 陈郁，等译. 上海：上海三联书店，上海人民出版社，1995：6.

自我利益的个人不会采取行动以实现他们共同的或集团的利益。换句话说，即使一个大集团中的所有个人都是有理性的和寻求自我利益的，而且作为一个集团，他们采取行动实现他们共同的利益或目标后都能获益，他们仍然不会自愿地采取行动以实现共同的或集团的利益。认为个人组成的集团会采取行动以实现他们共同的或集团的利益，这一想法远非一个集团中的个人会有理性地增进他们的个人利益这一假设的逻辑推论。"①

在集体行动困境的解决方面，奥尔森以经济学视角从个体理性出发，更偏爱于"选择性激励"的解决方式，他认为只有当个体获得区别于公共物品的"选择性激励"时，个体才会做出有利于组织目标的行为选择，集体行动才会发生。奥尔森严格区分了大集团与小集团，认为他们在集体行动力上有着明显的区别。他认为小集团比大集团更有凝聚力和有效性。他列举了一个由于有很多人参加，因而不能迅速做出决策的会议的例子：

"每个人都希望会议尽快结束，但没有人会为此而牺牲自己的利益。而且尽管可以认为所有参加者都希望达成一项最终的决定，但这往往不能实现。当参加者的数量很大时，典型的参加者会意识到他个人的努力可能不会对结果产生多大的影响，而且不管他对问题投入的努力有多少，会议决定对他的影响都是大同小异……会议的决定对参加者（或者还有其他人）来说是公共物品，而且当集团扩

---

① 奥尔森. 集体行动的逻辑 [M]. 陈郁，等译. 上海：上海三联书店，上海人民出版社，1995：2.

大时每个参加者为获得或改进这些公共物品所作的贡献也会越来越小。"①

事实上，此时的"公共物品"无法给行为个体提供选择性激励，因此会使更多的人选择"搭便车行为"，"如果一旦一种物品的收益被那些未对该物品的生产做出贡献的人所分享，那么这种物品的供给就会低于理想状态层次或者根本没有供给，因为每个人都有机会'搭便车'而坐享其成"②。

与上述情形相反，小集团内成员彼此熟悉，经常性的沟通容易形成信任关系和彼此依赖，当公共利益面临危机时，自发、自愿的个体行为普遍出现，形成集体行动。

"比起大集团来，小集团的行动更果断，而且能更有效地运用它们的资源……在小集团……这一层次上，社会单位（不管我们称为什么）的每个成员都对其他每个成员有直接的了解，人类社会就是在这一层次上延续了比有记载的历史长得多的年代……它们生产的物品一般有剩余，这使组织能够成功。"③

新制度主义者认为需要从社会理性出发，在制度框架内研究个体行为与集体行动之间的关系。影响集体行动的因素有两个：其一

① 奥尔森. 集体行动的逻辑 [M]. 陈郁，等译. 上海：上海三联书店，上海人民出版社，1995：64.
② 古丁，克林格曼. 政治科学新手册 [M]. 钟开斌，王洛忠，任丙强，译. 北京：生活·读书·新知三联书店，2006：761.
③ 奥尔森. 集体行动的逻辑 [M]. 陈郁，等译. 上海：上海三联书店，上海人民出版社，1995：65-67.

是个体的逐利动机，其二是集体的制度设计。他们评价，奥尔森夸大了个体理性的作用。奥尔森所代表的传统理性主义者以个体理性优先为逻辑起点得出个体理性最终将导致集体行动失败的结论，不能不说是一种悲观的逻辑。"奥尔森往往选择支持他的理论事例，而不是通过对某一时间某一地点的特定类型组织的大量样本进行抽样。"①　个体理性是有限理性，集体行动促成集体利益的实现，对个体利益具有放大功能。个体利益实现的集体行动路线是个体理性选择的策略。

"在这种情形下，个人福利依赖于他人的福利（'同情'），但也不排除一些逆个人利益行事的人（'承诺'）。承诺这个思想'在个人选择和个人利益之间加入了一个锲子'（Sen 1977）；它意味着人们可能理性地选择那些带来较低的个人福利预期水平的行动。"②

新制度主义者眼中的制度区别于传统理论将制度理解为外部规定性的观点，而是把制度、规范理解为合作关系形成的内在规定性。并且，这种内在规定性的形成是长期的过程。所以，新制度主义中的制度集合了规范性、选择性、历史性的观点。

我们并不否认"选择性激励"对个体行为选择的影响，关键问题是"社会激励"和"选择性激励"哪个更能影响人的动机与行为。这里我们所说的社会激励相当于规范压力，同时可以理解为集

---

①　格林，沙皮罗. 理性选择理论的病变：政治学应用批判［M］. 徐湘林，袁瑞军，译. 桂林：广西师范大学出版社，2004：110.

②　古丁，克林格曼. 政治科学新手册［M］. 钟开斌，王洛忠，任丙强，译. 北京：生活·读书·新知三联书店，2006：1015.

体对个体动机与行为所施加的行为压力。而作为集体中的成员有时是不得不考虑这些压力的。具体来看，社会激励应包括社会声誉、期望、规范与惩罚。事实上，社会上存在着大量的为集体事业而无私奉献的组织类型和相关事例。从组织持久合作的角度来看，社会激励对于个体、组织的发展意义远大于选择性激励。"米切尔（Mitchell 1979）发现，在环境保护组织的百万成员中大约 100000 人的参与理由与选择性激励无关。"① 社会声誉是群体对个体行为评价的长期积累。这种评价的内容是客体行为满足主体对客体行为预期的程度。

三、集体行动低效的根源

集体行动来源于个体行为选择，行为选择遵循动机与行为的内在逻辑。当个体面临不确定的行为环境和较低的行为压力时，个体理性则优先于社会理性，行为动机也偏向于个体理性，集体行动出现逻辑困境而不易实现。

（一）个体行为选择的逻辑

人的动机决定人的行为。选择行为是行为一般的特殊，行为选择又是人类选择行为的一种个别。行为选择作为行为的一种极微观形式，其背后一定隐藏着相关的动机与诱因。对于人的行为，我们可以简要地界定为："人们在与外界相互作用时为实现某种预期的目

---

① 格林，沙皮罗. 理性选择理论的病变：政治学应用批判 [M]. 徐湘林，袁瑞军，译. 桂林：广西师范大学出版社，2004：112.

的而用自身的机体所做出的连续反应或连续活动的过程。"① 在对人的行为进行诸方面分析时，最重要的是对行为目的的分析。行为目的反映了行为背后的动机。行为的目的性也恰恰反映出人的主观能动性。动机是引起人的行为并将人的行为导向一定目标的内在动力，也是主体需求在尚未得到充分满足时的一种心理作用。动机对人行为的作用表现在诱发行为、指导行为、强化行为等方面。由于动机的隐性特征，我们通常对它很难动态把握，而只能根据行为过程及结果进行分析和判断。例如，机会主义行为背后必定有个体利益最大化的动机在支配。在古典契约理论中的单次博弈环境下，由于不考虑长久持续性合作，人们通常选择最有利于自己的契约条款，不惜花费大量成本追求风险的规避。所以，经常导致交易破裂的结果。

动机作用于行为的同时还受到诱因的影响。诱因主要是引发动机的行为主体外部因素。在行为选择中，诱因主要指行为环境。在机会主义盛行、单次博弈频发而无任何约束的情况下，人们除了机会主义的动机与行为，别无选择。交易中利益受损一方对行为环境有了新的认识。这即艾索尔德（Eisold）所说的意识的进化过程，它解释了动机与行为之间的相互作用。艾索尔德说，"意识的进化价值并不是能预先帮助我们做决定，而是在木已成舟之后，提供反思的机会，反思我们知觉到的世界，以计划新的行动。"② 由于人的目

---

① 宋曙，刘明轩. 人生行为选择的艺术［M］. 重庆：重庆出版社，1991：2.
② 艾索尔德. 行为背后的动机［M］. 张智丰，译. 北京：中国人民大学出版社，2011：10.

的、需要、动机的难于把握，人们通常转而研究人的行为，特别是与动机直接相关的选择行为。

（二）不确定性引发集体行动困境

集体行动的发生意味着个体行为选择的结果为参与集体合作。集体合作必须以信任关系的确立为基础。在不确定的环境中，这种信任关系很难建立。反过来，在缺乏信任的环境里，不确定性得到了强化，形成一种恶性循环。所以，不确定性成为集体行动的最大障碍。正如帕特南所列举的"收玉米的例子"，农民乙并不确定在帮助农民甲收割玉米后，农民甲会不会反过来帮助自己。如果他不帮助自己，又有怎样的惩罚措施可以保护自己先前所付出的劳动？不确定性的概念来源于新制度经济学中的交易成本理论。不确定性具有客观性和普遍性。正如梅尔·施瓦茨（Mel Schwartz）在阐释其"可能性法则"时所指出的，"这个世界总是充满了不确定性。如果说以前的不确定性程度比较低的话，那也只是表面现象。事实上，世界总是存在各种各样的不确定性。以前是这样，现在是这样，以后也会这样。"① 不确定性反映了行为环境的复杂性。不确定性的存在一方面增加了行为选择的成本，一方面诱使行为主体做出更安全保险、有利于自身利益的行为选择。

引发不确定性的因素有很多，其一是信息的非对称性，其二是人的有限理性，其三是人的道德风险。正如帕特南所言，"要想实现

---

① 克雷纳，迪拉伍. 商业万象：与世界顶级管理大师的对话 [M]. 江卉，维益，译. 北京：当代中国出版社，2005：55.

成功的合作，准确的信息和可靠的执行都是必要的。"① 信息与有限理性也可以看成是一个问题的两个方面。信息对于行为选择十分重要，全面、准确、及时、适用、经济的信息有助于人们认清行为选择的资源、依据以及行为选择的后果。而往往现实的情况是行为选择所面对的信息资源中有相当一部分是不确定的，特别是不知道哪些是朋友、哪些是敌人，行为选择就变成了一场赌局。西蒙反对古典经济学关于完全理性和最优化集体行动的主张，提出了有限理性和满意决策的概念。有限理性观点从人的认识能力角度出发认为，既然人不能认识全部的外部世界，就不要追求所谓的最优选择。道德风险（Moral Hazard）问题是经济哲学中的一个概念。道德风险原意指人的机会主义行为，契约的承诺者违背自己的承诺追求利益的最大化的经济理性行为。借用这个概念应用于集体行动的考察是因为在集体行动过程中，违诺行为的出现会极大地增加行为选择的风险和成本，降低集体行动的效率。

四、社会资本助推集体行动

社会资本对于消解不确定性给集体行动带来的困扰提供了有益的路径。正如上文所述，我们承认不确定性的客观性，同时也重视不确定性的消极影响。从行为选择的角度来看，我们的基本逻辑在于，行为环境中的确定性因素越多，越易于行为主体做出理性选择。人们之所以放弃集体行动而转向个体行动是因为缺少信任的基础和

---

① 帕特南. 使民主运转起来［M］. 王列，赖海榕，译. 南昌：江西人民出版社
2001：192.

行为的约束，即给我一个行动的理由，给他一个不行动的惩罚。

（一）社会资本助推集体行动的内在机理

社会资本以信任为基础建构了包括信息资源在内的资源网络。信任的存在使人们愿意分享信息资源，打破了信息非对称的局面。例如，你现在需要我的帮助，我在将来的某一时刻也需要你的帮助。信任关系的建立给了行为选择者一个做出合作选择的充足理由，合作的各方都为对方开出了盖有信任印章的赊欠单。"信息分享作用重大，没有这一点，用于解决困难或创造机会的行动力就会不足。"[①]社会资本网络成员对网络内其他行为主体的行为选择享有优先判断权，可以以最小的成本做出行为选择，同时选择可以依托的资源。社会资本网络越庞大，信息传递及分享效果越明显。信任给原本独立的行为个体提供了交换信任、相互交流的机会，破除了信息壁垒。阿马蒂亚·森（Amartya Sen）认为，"我们发现，问题不在于理性社会选择的可能性，而在于运用恰当的信息基础来进行社会判断和决策。"[②]

行为主体认识外部世界的能力在社会资本的作用下潜移默化地得到提高。信任社会资本的存在除了给行为个体提供全新的信息之外，还为其提供更多的角度去思考问题，通过与他人的合作可以实现凭自身力量无法实现的效果，从而防止其单凭主观臆断做出有缺

---

① 萨利·毕培，杰里米·克迪. 信任——企业和个人成功的基础 [M]. 周海琴，译. 北京：经济管理出版社，2011：38.
② 阿里蒂亚·森. 以自由看待发展 [M]. 任赜，于真，译. 北京：中国人民大学出版社，2002：274.

陷的行为选择。这种主观臆断也是其有限理性的表现，表现为选择行为时的主观证实，而非客观证伪。行为选择者在缺少可靠的信息源的情况下宁可选择相信自己，并搜索一切信息来证实自己判断的准确性而忽略了客观存在的对于自己判断的颠覆性客观实际。信任社会资本在理性扩展中发挥了关键的作用。没有信任作为前提，他便不会视合作为实现目的的更优化选择。在缺少信任社会资本的情况下，决策者往往习惯于按照已经成熟的案例模式来决策，"这会导致管理者不能正确评估当前战略的缺点，从而将忽略更合理的战略。"① 社会资本网络所传递的意见往往容易引起行为者的重视，能够有效抑制独断的个体偏好和经验性选择。

社会资本具有伦理规范属性。规范社会资本的存在保证了合作契约的可靠执行。社会资本具有行为规范功能，这种功能以潜在的方式对人的行为选择产生制约作用。格兰诺维特（Mark Granovetter）在《经济行为和社会结构：嵌入问题》一文中谈到"他们有目的的行为是嵌入在具体且即时的社会关系系统中的。"② 个人行动在结构限制之下是可能且有意义的，并且已经"和外部结构与资源之间发生了互动"③。在社会网络中，个体的行为选择除了个体理性的思考，还要考虑社会理性或集体理性，包括社会价值、道德压力、群体规范等社会关系要素。"规范规定着哪些行为被认为是可以接受

---

① 萨利·毕培，杰里米·克迪. 信任——企业和个人成功的基础［M］. 周海琴，译. 北京：经济管理出版社，2011：35.

② GRANOVETTER M. *Economic Action and Social Structure：the Problem of Embeddedness.* American Journal of Sociology 91，1985：487.

③ Lin N. *Social Capital：A Theory of Social Structure and Action*，Cambridge University Press，2001：179.

的，或者是不可被接受的。规范可以被看作是创立并保持个体信任的基础。规范的存在可以有效抑制机会主义的产生。"① 在社会资本网络中，行为主体群体间事实上存在着契约关系。在分享行动资源的同时，个体也义务地奉献着。每个行为主体都期望着其他人同样的努力。这种契约关系成为潜在的规范，触犯者将受到惩罚。

"在同事中维护自己的声誉（Frank 1988；Chong 1991）或者为自己坚信的事业行动或证实自己的道德认同而得到的意味深远的受益（Benn 1979）。关于这一点，尤其值得注意的是莫伊（Moe 1980，PP.117－118）的追求集体目标本身产生选择性收益的论点……一个人可能从做出贡献的行动中得到满足感，当他把这看成是支持他信仰的目标的行动时。如果团体的政策反映了他的意识形态、宗教或道德的原则，他可能觉得有责任'做好自己这一份工作'以支持这些政策，实际上，他可能认为搭便车的选择在道德上是应该受到谴责的。在这种情况下，并不存在表现为有意义的收益来源的集体物品供应，但是存在着对有价值的集体物品的支持和追求。"②

（二）社会资本情境下的集体合作

集体行动中的主体间关系最一般地表现为合作关系。合作是达到共同目的的手段。没有合作的集体联合是松散的，毫无意义的。

---

① LYON F. Trust, *Networks and Norms：The Creation of Social Capital in Agricultural Economies in Ghana.* World Development，2000，28（4）：663－681.
② 格林，沙皮罗.理性选择理论的病变：政治学应用批判［M］.袁瑞军，徐湘林，译.桂林：广西师范大学出版社，2004：119－120.

合作本身也包含了博弈，博弈的结果表现为一次合作、短期合作与持久合作。持久的合作以信任为前提，特别是对人格的信任，也包括组织人格。合作同时又有层次，即个体合作与组织合作，可以在社会资本的不同层次上具体考察。社会资本与集体合作的关系可以基本表述为，集体合作是社会资本的作用场域，集体持久合作的实现过程就是社会资本不断累积与价值衍生的过程，社会资本的存在同样强化着这种合作关系，并使合作的范围不断扩大，集体合作的主体范围取决于社会资本网络的状况。

社会资本以信任促成持久的集体合作。帕特南通过对意大利南北部地区的长达 20 年的比较研究发现，社会资本对民主政治和社会效率有着深远的影响。他说："对于集体行动悖论以及由此产生的违背自身利益的投机行为，成功的超越依赖于更为广阔的社会背景，在那里，任何一种博弈都能够进行。在一个继承了大量社会资本的共同体内，自愿的合作更容易出现。这些社会资本包括互惠的规范和公民参与的网络。"① 在无社会资本或社会资本存量较低的条件下，信任并不是完全不存在，即便是完全没有信任基础的情况下，偶发的合作也不是完全不可能发生。一般认为，在所有的高级经济形态中，欺骗都广泛存在，并且使组织和个人因此付出了高昂的代价，但这并不表明没有人值得信任。然而，真正的信任关系的建立的确是个长期的过程。偶发的信任与合作带有明显的博弈性，行为选择风险较大。此时的合作双方均在评估对方的可信任度，评价集

---

① 帕特南. 使民主运转起来 [M]. 王列，赖海榕，译. 南昌：江西人民出版社，2001：195.

体行动是否会给自身带来更多的损害。这种行为恐惧状态下的合作关系在恐惧无法削减的前提下很难持久。这种信任不充分的合作容易带来较大的集体行动内耗。社会资本作用下的集体合作又是另外一番景象。信任的存在抵消了猜忌成本，诸如协议附加条款、支付中介等物力成本，核实相关情况付出的额外人力成本，同时更包括时间成本。人们倾向于在社会资本网络内部选择合作伙伴，可以把行为风险降到最低，即便有时会因此支付相对较高的物力成本，他们也会这样去选择。原因很简单，社会资本网络具有道德约束力和实际的惩罚力，这等于给集体行动本身上了保险。

（三）奥尔森行为激励思想的反思

事实上，在奥尔森的集体行动理论中，我们仍然能够看到其对集体理性的尊重。奥尔森只是通过严格地区分小集团与大集团来凸显小集体的行动优势。

"可以肯定，经济激励不是唯一的激励，人们有时候还希望去获得声望、尊重、友谊以及其他社会和心理目标……当不存在经济激励驱使个人为集团利益作贡献时，可能有一种社会激励会驱使他们这么做……如果对一件集体物品感兴趣的一个小集团的成员同时也正好都是私人朋友，或属于同一个俱乐部，而集团中的一些人把提供集体物品的负担推给别人，那么即使他们的行动使他们在经济上受益，他们的社会地位也要受到影响，而且这一社会损失可能超过经济受益。他们的朋友可能会运用'社会压力'来迫使他们承担实现集体目标的责任，或者俱乐部会开除他们。这些措施是很有效的，因为日常的观察揭示出，大多数人很看重他们朋友和熟人的友谊，并且很看重社会地位、个人声望和自尊。"①

　　然而，奥尔森把社会激励看作"选择性激励"的一部分，还是坚持这样一个观点：只有将其转化为个人的而非公共物品，社会激励才能发挥行为选择引导功能。他认为个体对社会激励的顾及在根本上是从属于对经济利益最大化的追求。他援引了切斯特·巴纳德的观点，即"用和货币激励相同的方式来分析社会激励，而且还能用同样的方法来分析其他类型的激励"②。社会激励相对于选择性激励的从属性地位是与奥尔森对社会激励的本质的认识分不开的。他从社会激励的功能角度认为小集团对个人的服从与不服从的不同行为取向会采取邀请与排斥两种不同的对待方式。个人行为的选择深刻地影响着集团的行动力。在奥尔森看来，"社会压力和社会激励只有在较小的集团中才起作用"③。他这样评价来源于其对小集团优势的青睐。他认为只有在小集团中，成员彼此间才更为熟知，个体的意见才能得到充分的尊重。而在大集团中，成员的自私的行动以及他人的责怪并不影响组织整体运行及其个人的声誉。"即使一个大集团的成员完全不顾自己的利益，他也不会理性地为提供集体或公共

　　① 奥尔森. 集体行动的逻辑［M］. 陈郁，等译. 上海：上海三联书店，上海人民出版社，1995：70-71.
　　② 奥尔森. 集体行动的逻辑［M］. 陈郁，等译. 上海：上海三联书店，上海人民出版社，1995：71.
　　③ 奥尔森. 集体行动的逻辑［M］. 陈郁，等译. 上海：上海三联书店，上海人民出版社，1995：71.

物品作贡献，因为他的贡献是无足轻重的。"① 由此可见，奥尔森对社会压力的认识带有一定的局限性，没有从整体的角度把握个体理性与集体理性的关系，从而陷入集体行动的困境。

第三节 社会资本提升资源配置效率

达尔文进化论的基本法则是"优胜劣汰"，描述的基本事实就是竞争。竞争是世界的永恒主题。作为灵长类动物的人，在战胜了地球上的其他物种而获得统治地位之后，也从没有停止竞争。人与自然界的竞争同人类内部的竞争并存，后者比前者更加残酷。竞争是多主体在争夺排他性利益中的角逐。在人类社会的政治、经济、文化、社会领域方方面面都存在竞争。竞争主体可能是行为个体、组织或国家，也可能是组织联盟或国家共同体。在经济领域，企业之间的竞争最为典型。在竞争这种排他性的经济活动中，一部分企业在竞争中胜出，一部分企业败北退出，一部分企业既没有胜出也没有败北，被保留了继续参加竞争游戏的资格。我们认为这三类企业在竞争活动中分别表现出了竞争优势、竞争劣势和竞争均势。对于在竞争中胜出的企业，竞争优势既反映了它参与竞争的结果，也引发我们对这类企业能够取得胜利的原因的思考，即组织竞争优势的来源。

---

① 奥尔森. 集体行动的逻辑 [M]. 陈郁，等译. 上海：上海三联书店，上海人民出版社，1995：73.

在资源稀缺的现实世界，组织竞争的实质是资源竞争。社会资本既是组织参与竞争所需要的重要社会关系资源，也因其生产性提高了组织占有和动员其他资源的能力。社会资本的作用机理在于以信任推进合作，以网络形式实现资源分享，以规范保持资源优势与合作秩序。同时，社会资本也因其封闭性导致了社会资本网络内部各组织间的共享性资源具有同质性。"弱关系强度"理论和"结构洞"社会资本理论的探讨在某种意义上弥补了社会资本理论在组织竞争优势创造中的不足。

一、组织竞争优势的资源依据

组织之间存在竞争是一个不争的事实，保持并持久保持竞争优势是组织的生存之本、发展之源。奥德森（Alderson）在 SWOT 模型中，较早地提出了企业竞争优势的战略设计。在"强项 – 弱项"为中心的内部资源模块与"机会 – 威胁"为中心的环境模块对比分析中，他强调了企业内部资源在企业竞争优势地位获得中更加重要。奥德森的理论在企业竞争优势来源的分析中是具有开创性意义的。之后，引发了"内生资源论"与"外生环境论"之间长久的争辩。其实，稍加分析我们不难发现，组织发展所需的资源既包括内部资源，也包括外部资源；机会或威胁既可能产生于内部，也可能产生于外部。综合起来，组织竞争优势来源于两方面，一是资源，二是能力。这种资源内涵是多重的，包括占有资源、整合资源和使用资源。从资源的基础性地位讲，拥有了这样的能力，自然可以把握机会，抵御威胁。

　　关于组织竞争优势问题，巴尼（Barney）曾这样表述："如果某企业比产业中的边际企业（收支相抵企业）能创造更多经济价值，则该企业就被视为具有竞争优势。"① 巴尼进一步区分了竞争优势与持续竞争优势，意在说明企业的竞争优势不仅要创立，而且要保持下去。"在资源观的逻辑里，企业被称为具有持续竞争优势要满足两个条件，一是它比产业中的边际企业创造了更多的经济价值，二是其他企业无法复制这种战略收益"。② "战略收益"在这里指有价值的稀缺性企业资源。企业要保持持续性的竞争优势，就要保证至少复制这种资源的成本是较高的。巴尼在他的可持续竞争优势理论中，提出了"VRIO"（Value、Rarity、Imitability、Organization）框架，如下表：

某项资源或能力				
是否有价值	是否稀缺	是否模仿成本高	是否被组织利用	对竞争力的影响
否	——	——	否 ↕ 是	竞争劣势（低于正常）
是	否	——		竞争均势（正常）
是	是	否		暂时竞争优势（高于正常）
是	是	是		持续竞争优势（高于正常）

① 巴尼，克拉克. 资源基础理论——创建并保持竞争优势［M］. 张书军，苏晓华，译. 上海：格致出版社，上海三联书店，上海人民出版社，2011：58.
② 巴尼，克拉克. 资源基础理论——创建并保持竞争优势［M］. 张书军，苏晓华，译. 上海：格致出版社，上海三联书店，上海人民出版社，2011：58－59.

"VRIO"框架①，在这个模型框架中，（企业）组织持续竞争优势来源于资源的四个方面特征，分别是：资源本身有价值、资源稀缺、资源不可模仿或模仿成本高、可以利用。对于组织创造并保持竞争优势来说，资源的稀缺性与不可模仿性具有决定性意义。组织要想具有竞争优势，至少要占有并能够使用稀缺性资源。

二、社会资本创造组织竞争资源优势的机理

组织资源包括内部资源与外部资源，占有并调动尽可能丰富的有价值性稀缺资源，才能使组织在日益复杂激烈的竞争中保持优势。社会资本承担了整合内部资源与开发外部资源的历史使命。其内在机理总体上可以概括为：以信任推进合作，以网络形式实现资源分享，以规范保持资源优势与合作秩序。通过提高效率和降低行为成本彰显组织在市场竞争中的资源优势。

信任是社会资本的基础要素，也是合作的基本前提。信任社会资本推动了合作，在合作中实现了资源的流动。社会资本是以信任为基础建立的社会关系资源网络，网络内部成员因成员身份而被贴上可被信任的标签。可信标签的作用使成员拥有更多的合作机会，而且合作的成本是较低的。科尔曼评价，"信任是致力于在风险中追求最大化功利的有目的的行为；信任是社会资本形式，可减少监督与惩罚的成本。"② 信任抵消了因猜疑而发生的人力、物力及时间成

---

① 巴尼，克拉克. 资源基础理论——创建并保持竞争优势［M］. 张书军，苏晓华，译. 上海：格致出版社，上海三联书店，上海人民出版社，2011：79.
② 郑也夫. 信任论［M］. 北京：中国广播电视出版社，2001：17.

本。人往往追求最优的结果和完全理性，而外部世界的诸要素却体现出不尽如人意的复杂的排列组合方式。组织及组织中的人都不自觉地生活在时间的序列当中。过去对于人们来说是已知的，未来对于人来说是未知的。生活在现在的人正经历着已知与未知的矛盾。信任是一种预期，它使现在的人以最大宽容来面对未来，结合过去的已知，抵抗不确定性在其内心埋下的疑惑。

"当然，只有在熟悉的世界信任才是可能的；它需要历史作为可靠的背景。没有这种必不可少的基础，没有所有的先前的经验，我们不可能付出信任。但是，信任绝不只是来自过去的推断，它超越它所收到的信息，冒险去界定未来。信任行动减少未来世界的复杂性。怀抱信任，我们加入行动，仿佛未来只有确实的可能性。行动者把他的现在中的未来和未来中的现在连接起来。以这种方式，他给其他人提供了一个明确的未来，一个共有的未来，这个未来不是从他们共有的过去直接浮现出来的，而是包含着某些比较新的东西。"①

信任的存在既推动了组织内部的自发合作，同时也促成了组织间合作关系的建立。合作本身是一个博弈过程。在单次博弈中，人们往往根据信誉记录来选择合作对象，履行完全契约。毕培和克迪把这种信任称为"交易性信任"。仅有客体评价不足以使人完全相信对方，人们希望通过合作实践获得关于合作方可信度的主观感受。

---

① 卢曼. 信任：一个社会复杂性的简化机制［M］. 瞿铁鹏，李强，译. 上海：上海世纪出版集团，2005：26.

"信任是交往双方共同持有的，对于两人都不会利用对方之弱点的信心。"① 重复性博弈是信任的积累过程。

网络是社会资本作为社会关系存在与运行的基本形式。社会资本具有可传递性，网络内部成员可以分享社会资本网络上的各种资源，这种权利是具有外部排斥性的，以保证内部成员的资源优势地位。美国密歇根商业学院教授韦恩·贝克（Wayne Baker）从社会资本网络对于组织发展的意义角度将社会资本网络分为内聚式网络和开放式网络。并认为，内聚式网络给组织带来了信任与合作，开放式网络给组织发展带来了新信息、新资源、新机会。"每个组织都是内聚式和开放式团体网络的混合体。"② 在社会资本网络内部，成员间表现出"强关系强度"。关系越强，意味着主体间交往频繁，联系紧密，社会资本存量越丰厚。"关系越强，获取的社会资本越可能正向地影响表达性行动的成功。"③ 社会资本网内成员可以自由地分享他人所拥有的稀缺性资源。社会资本使得网络内部成员占有和动员稀缺性资源的能力大为提高。对于网络内部成员来说，社会资本网络内部资源是公共产品，对于整个组织或者说网络外部群体来讲，则具有经济学所说的资产专用性特征。社会资本使不同主体所拥有的稀缺性资源在一定范围内自由流动，彰显了社会资本的资源共享性特征。

---

① 杨中芳，彭泗清. 中国人人际信任的概念化——一个人际关系的观点 [J]. 社会学研究，1999（2）：2.

② 曹荣湘. 走出囚徒困境——社会资本与制度分析 [M]. 上海：上海三联书店，2003：20.

③ 林南. 社会资本——关于社会结构与行动的理论 [M]. 张磊，译. 上海：世纪出版集团，上海人民出版社，2005：64.

规范社会资本保证了网络内部成员在分享资源的同时也贡献自己的资源，保证了网络内部资源不被外部窃得，以保证内部成员的资源优势。如果说信任促成不同行为主体摒弃彼此猜疑，走向合作，那么规范则规定着人们该如何合作。"规范"也是众多社会资本理论家所关心的问题，特别是科尔曼。

"规范指明人们认为什么样的行动是合乎体统或正确的……如果规范为社会成员所遵守，他们将获益；如果人们违背规范，他们将受到伤害。规范的实施常伴以各种赏罚措施，此种措施或者奖励遵守规范的人，或者惩罚违反规范的人。掌握规范的人要求拥有施行赏罚措施的权利，并且认可所有掌握规范的人拥有这一权利……他们总是格外注意那种规范的内容以及相应的奖励和惩罚措施，尽管规范及其附带措施并非对人们的行动具有绝对的指导意义，但毕竟是重要的影响因素。"①

社会资本网络内部成员相对于外部主体的竞争优势来源于社会资本的共享性与排斥性。社会资本对于网络内部所有成员来说具有公用品属性，而对于外部主体来讲，则属于专属品。公共物品经常引发"搭便车"行为。"就单个人来说，人们对于那些人人受益，那些他人提供、自己享受的东西，是很难大力支持的。"② 所有网络内部成员都应该承担起保护这一资源，使其增殖的义务。

---

① 科尔曼．社会理论的基础（上）［M］．邓方，译．北京：社会科学文献出版社，1999：284.
② 曹荣湘．走出囚徒困境——社会资本与制度分析［M］．上海：上海三联书店，2003：59.

所有消极地、保守地履行义务的行为都应该受到规范的惩罚。同时，他们必须履行这样的承诺，绝对不与"不相干"的人分享网络内部资源。社会资本的规范是伦理性规范，内化在网络成员内心深处。强调行为者主体性发挥基础上的行为自律。正如前文所释，规范的内化"是指承认规范具有合法性，即行动者承认他人对自身行动有部分控制权……如果规范的内化仅指承认规范具有合法性，在无他人在场的情况下，将无法禁止个人违反规范。本书研究的'规范内化'，指个人拥有被内化的惩罚系统，如果此人触犯了规范，这一系统将予以惩罚"①。有时，道德惩罚比法律制度更加严厉。

三、"结构洞"社会资本理论对组织竞争资源优势的进一步阐释

社会资本网络具有自我封闭性，封闭性带来资源同质性问题，并在不同的社会资本网络间形成"结构洞"。在社会资本网络中，同质性资源对于组织发展来讲并不能创造竞争优势，而至多是带来竞争均势。在这方面研究的学者主要有巴尼、格兰诺维特、博特、贝克和林南。

"想象这样一种情形，某产业内的所有企业都拥有同样的资源，即在资源数量和类型上，企业有着同样的物质、财务、人力以及组织资本……由于大家都实施同样的战略，有着同样的资源，因而在

---

① 科尔曼. 社会理论的基础（上）[M]. 邓方，译. 北京：社会科学文献出版社，1999：342.

这种产业内，任何企业都不可能获得竞争优势。"①

格兰诺维特是弱关系强度理论的代表。博特、林南同样重视这种弱关系给个体与组织发展带来的积极影响。他们关心的是"如果关系强度更弱而不是更强，如果自我的位置更靠近网络的边缘而不是核心，对自我有好处吗?"② 持弱关系强度观点的学者认为，在社会资本网络中更活跃的，靠近网络中心位置的成员因交往的频度较高，所获取的发展资源具有同质性，传统社会资本网络的日渐封闭必然导致网络与网络之间出现间隙，即博特所称的"结构洞"。

"结构洞可以定义为，'非多余联系之间的分离'与'两个联系间的非多余关系'……结构洞是一个缓冲器，像一个电路中的绝缘体。由于它们之间的结构洞，两个联系在某种程度上提供了附加的、而不是重叠的网络效用（Burt，1992，P.18）。"③

这些结构洞必须有人来填补，架设不同网络之间沟通的桥梁，这些桥梁成为异质性资源获取的重要通道。这种论调是基于网络开放性而不是封闭性的理论前提，有利于社会资本网络的进一步开放与发展，在不同社会资本网络间建立更强大的联合。对于组织与社会发展更具有意义。林南强调:

① 巴尼，克拉克.资源基础理论——创建并保持竞争优势［M］.张书军，苏晓华，译.上海:格致出版社，上海三联书店，上海人民出版社，2011:61.
② 林南.社会资本——关于社会结构与行动的理论［M］.张磊，译.上海:世纪出版集团，上海人民出版社，2005:65.
③ 林南.社会资本——关于社会结构与行动的理论［M］.张磊，译.上海:世纪出版集团，上海人民出版社，2005:68.

"如果个体需要不同的信息，那么他们更可能在不同的、而不是自己的社会圈子中寻找。为了接触另一个社会圈子，自我需寻找连接两个圈子的关系。不同社会圈子之间的关系称作桥梁。没有连接，两个社会圈子将是彼此独立的。"①

贝克（Wayne Baker）对内聚式网络与开放式网络的比较分析也表达了同样的观点。内聚式网络"能够产生'团队思想'（group think），因而很难和新时代的进步保持同步发展、得到新信息或者影响网络外的人们，在极端的情况下，它会成为组织隔阂的关键所在"②。作为沟通不同的分享的隔阂之间的一座桥梁，他认为开放式网络及起到连续不同网络的关键性人物能创造价值。"但是事情往往是，大部分全球公司拥有太多的詹姆士和太少的沃纳。大部分全球公司需要很多能够跨越功能和地理障碍的关键人物。"③ 对结构洞的填补将改变网络成员在网络资源体系中的位置。对于网络成员发展所需的关键性资源有时在网络内部无法找到，只有在网络外部去寻找，这时，结构洞本身及占据网络桥梁位置的成员所拥有的社会关系成为稀缺性资源。

林南在承认了格兰诺维特和博特等人对弱关系理论研究的进步性的同时，认为弱关系强度理论同样存在修正的必要，必须在前提

---

① 林南. 社会资本——关于社会结构与行动的理论 [M]. 张磊，译. 上海：世纪出版集团，上海人民出版社，2005：65.

② 曹荣湘. 走出囚徒困境——社会资本与制度分析 [M]. 上海：上海三联书店，2003：19.

③ 曹荣湘. 走出囚徒困境——社会资本与制度分析 [M]. 上海：上海三联书店，2003：20.

条件上加以限定。虽然不同社会资本网络之间的结构洞由相应的行为个体来填补，但如果桥接的对象并不能为自在网络发展提供所需的稀缺性资源，则对于网络发展而言并无多大帮助。

"网络位置（靠近桥梁）强度视桥梁所连接的不同资源而定……如果桥梁只是通向相似或不高的有价值资源的节点，那么靠近桥梁的位置可能不是很有用。换言之，靠近网络中桥梁的相对优势，取决于桥梁所接近的节点的资源相对丰富度。这可以表述为互动命题：位置强度（靠近桥梁）依桥梁所连接的不同资源而定。"[1]

林南提出了网络位置与网络地位综合考虑的交叉强度命题。这一理论的提出从资源分类的角度扩展对弱关系强度理论的研究。理论前提是处在社会资本网络不同地位的行为主体依照强关系强度理论其动员资源的能力有差别。如要最大限度地发挥网络桥梁联系两个不同社会资本网络的作用，则被联系的对象在另外的社会资本网络中要居于一定的地位。

"对好的社会资本的获取，往往发生在那些占据靠近桥梁位置（location）的个体行动者身上，这个桥梁连接着那些处在相对较高等级制位置（position）上的行动者。因此，网络位置（location）优势取决于可接近的网络资源。"[2]

---

[1] 林南. 社会资本——关于社会结构与行动的理论 [M]. 张磊, 译. 上海: 世纪出版集团, 上海人民出版社, 2005: 70.

[2] 林南. 社会资本——关于社会结构与行动的理论 [M]. 张磊, 译. 上海: 世纪出版集团, 上海人民出版社, 2005: 70-71.

　　组织能否持续地保持竞争优势是一个关键问题，因为任何"优势"都具有时间和空间的相对性。组织要想保持这种竞争优势，从资源理论角度来看，除了资源的稀缺性和不易复制性外，还要注意资源的同质性与异质性在造就组织竞争优势中的差别。"弱关系强度"理论和"结构洞"理论给我们提供了很好的思路。任何组织都不应自我封闭或者是"故步自封"，而应该扩大交往与合作，在更广阔的空间中累积自身发展所需的资源。

第五章　社会资本与管理成本

　　管理作为一个属人的资源配置过程，其本身包含着大量的以资源为核心内容并以交往为主要形式的主体间交易活动。人作为有理性思维能力的动物，其行为受理性与动机支配，当理性世界的内部结构变得异常复杂，人的行为动机变得难以把握时，其行为也往往表现出无特定规律可循的不确定性。此时管理中主体间的交易活动和整个资源配置过程必然要为人的行为选择的不确定性支付相应的成本或付出相应的代价。管理中的交易成本问题由此产生并引发我们对管理成本体系构成的重要思考。近些年，随着国内外关于交易成本经济学、交易成本政治学研究的不断深入，将交易成本理论及相关概念引入管理过程研究显得十分必要。从人的行为选择和主体间关系出发，探索管理交易成本产生的内在机理和节约路径具有重要的理论和现实意义。

　　新制度经济学的交易成本理论对于管理这一资源配置活动中所存在的主体间交往困境来说具有很强的解释力。人的行为选择不确定性是导致交易成本上升的主要原因。管理交易成本因此可以解释为一种由主体行为选择不确定性而带来的主体间交往成本。管理中交往主体行为选择的不确定性具有深刻的理性根源，受到非理性、有限理性和个体理性的深刻影响。社会资本作为嵌入在主体间关系中的一种能产性资源，以其内在的信任、规范、网络三大结构要素作用于主体行为选择过程，发挥着行为简化功能、行为规制功能和行为检视功能，为行为主体确定地选择共识性道德行为提供了可信性、可行性和可靠性，为主体间交往提供了确定并且安全的环境和良好的预期，从而节约了管理交易过程的事前、事中和事后成本。

第一节　管理成本问题的经济学探源

管理成本问题的研究源于科斯的交易成本理论。虽然科斯并未直接指明管理成本的意涵，但他对"管理成本"概念的产生做出了两点重要的贡献。首先，从科斯对企业组织规模控制和边际效益的研究中可以看出，他将组织行为划分为外部行为和内部行为，进而将企业成本划分为外部成本和内部成本。外部成本即是他所重点关注的企业在参与市场交易活动过程中所产生的一系列费用，或者说是企业组织为搜寻有价值资源与优质合作对象而在信息搜集、签约及履约过程中所需要支付的成本。其次，科斯初步诠释了组织成本的意旨，即企业内部资源性活动中所产生的成本，包括组织要素搭建成本、制度与机制运行成本等等。在科斯的话语体系中前者被称为外部交易成本，后者则被称为内部控制成本。

虽然科斯仅是从企业内部组织行为的视角考察了管理活动和管理成本的一个方面，却足以引起我们对组织管理活动过程中成本问题的思考。虽然科斯仅是从市场交易这一组织外部行为角度来考察交易成本，而没有将交易的概念放大到人际交往的范畴并给予组织内部交易成本以足够的关注，却很好地提示我们资产专属性在属人的管理世界中对管理成本的深刻影响。毕竟，管理是一个资源配置过程，管理的对象既可能是物也可能是人，管理活动最终是要由人来完成的。因此，我们认为在国内学界对于管理成本概念的认知中有一类观点是值得重视的，即"管理成本是企业组织从事各项管理活动所付出的代价"①。

交易成本（transaction cost）也称交易费用，是源自新制度经济学的一个概念。交易成本概念的提出以及交易成本理论的产生与先前西方对"交易"问题的持久系统研究密不可分。古希腊学者亚里士多德（Aristotle）在谈及家庭财产来源及其管理问题时，就曾把交换和零售贸易视为获取生活必需品和财富的一种技术，简称为"致富术"。他认为以交换生活必需品为目的的以物易物并不违背自然规律，而且有利于解决私人物品多寡不均问题，属于必要的和正当的，而零售贸易这种致富术却总是依靠垄断的方式并伴有敲诈的目的，有人刻意制造物品短缺的局面而使他人处于交易中的不利地位并从中获利，因此是不必要的和非正当的。② 虽然亚里士多德受社会历

————————————

① 江治平. 试论管理成本 [J]. 中国农业会计，2008（7）：22.
② 亚里士多德. 政治学 [M]. 吴寿彭，译. 北京：商务印书馆，1965：25–30.

史局限无法揭示交易行为及概念的全貌，却较早地从财富积累的角度认识到交易活动与生产活动是有区别的，同时也认识到了在交易活动中有时会夹杂个体非道德的逐利动机。这为交易及交易成本问题的后续研究奠定了坚实的基础。

在旧制度经济学时代，西方学者已经对交易问题有了较为清晰的认识。其代表人物约翰·康芒斯（John Commons）把"交易"明确地界定为一个与生产相对应的经济活动过程，认为生产活动发生在人与自然之间的关系世界之中，是人改造世界的对象性活动；而交易活动则发生在人的内部关系世界当中，与生产活动过程相比，交易活动过程同其所依存的主体间关系世界一样显得更为复杂。他将交易分为三种基本类型：买卖的交易，即平等人之间的交换关系；管理的交易，即上下之间的交换关系；限额的交易，主要指政府对个人的关系。① 康芒斯虽然没有更多地涉及交易过程中的成本问题，却揭示了交易行为并不总是发生在平等关系主体之间。从主体间关系对交易行为及其成本的实际影响这一角度来看，康芒斯对交易过程的研究同样推动着交易成本理论的产生。

交易成本的概念由新制度经济学的开创者罗纳德·科斯（Ronald Coase）首先提出。他把交易成本描述为人们为了完成市场交易，有必要发现谁有交易的意愿，有必要获取与交易意愿和交易方式有关的信息，在此基础上双方进行谈判、讨价还价、订立契约文本并保障契约履行，这些活动都需要支付一定的费用，此类费用就是交

---

① 约翰·康芒斯. 制度经济学（上册）［M］. 于树生，译. 北京：商务印书馆，1962：74.

易成本。① 对于交易成本问题，科斯在早年发表的《企业的性质》一文中就曾经有所论述。他在文中阐释了在市场这种资源配置方式难以促成资源高效配置的情况下，企业及其内部组织活动过程存在的价值，以及企业内部组织活动成本投入与企业外部市场交易成本节约这一功能性产出之间的均衡关系问题，并将这种均衡性与企业的边界设定相联系。他把企业内部命令与组织活动过程看作是与市场同样的资源配置方式，最终通过交易成本的实际控制效果比较得出企业组织存在的意义在于节约交易成本的结论。②

此后，道格拉斯·诺斯（Douglass C. North）、肯尼斯·阿罗（Kenneth J. Arrow）等人也对交易成本问题进行了不同视角的研究。诺斯从康芒斯的交易观出发认为，"那些与配置模式相关的成本被称为交易成本。必须将这些成本与交易物品的生产成本区分开来"③。阿罗则从经济制度生成并服务于交易活动，同时又在交易实验场中得到完善和发展这一制度与交易行为的基本关系出发认为，交易活动是经济制度的基本单位，交易成本就是经济制度及相应机制的运行成本。并声称这种利用经济制度所带来的成本有可能妨碍甚至阻止市场的形成与正常运行，导致所谓的市场失灵。④ 此外，埃瑞克

---

① Coase. R. H. "The Problem of Social Cost", Journal of Law & Economics, Vol. 56, NO. 4（Nov. 2013），PP. 837 – 877.

② Coase. R. H. "The Nature of the Firm", Economica, new series, Vol. 4, NO. 16（Nov. 1937），PP. 386 – 405.

③ 道格拉斯·诺斯，等. 交易费用政治学［M］. 刘亚平，译. 北京：中国人民大学出版社，2011：85.

④ ARROW. K. J. The Organization of Economic Activity：Issues Pertinent to the Choice of Market versus Non – market Allocation, Washington：Government Printing Office Press 1969. PP. 59 – 73.

·菲吕博顿（Eirik Furubotn）和鲁道夫·瑞切特（Rudolf Richter）也持有与阿罗相似的观点："交易成本包括动用资源建立、维护、使用、改变制度和组织等方面所涉及的所有成本"①。

奥利弗·威廉姆森（Oliver Williamson）作为交易成本理论的集大成者和"新制度经济学"的拟称者认为，交易成本是发生于资源在不同技术边界间转移过程中的成本。他把交易成本分为两部分：一是事先的交易成本，即为签订契约、规定交易双方的权利、责任等所花费的费用；二是事后的交易成本，即在签订契约后，为解决契约本身所存在的问题、从改变条款到退出契约所花费的费用，可具体化为：①当交易与预期目标相偏离时所引起的不适应成本；②为了纠正这种事后的偏离行为而引起的讨价还价成本（谈判成本）；③在解决交易纠纷时，伴随建立和运作管理机构（通常不是法庭）而来的成本；④保证契约生效的抵押成本（维护成本）。② 可以这样讲，威廉姆森对交易成本的分析与界定在一定意义上遵从了概念提出者的本意，在还原了概念原貌的同时放大了交易成本的视域，使此概念更具完整性，也将人们的目光重新吸引到组织发展与组织间关系，以及资源配置活动过程本身。以科斯等人为代表的新制度经济学派在交易成本问题认知上的贡献，除了完整地给出交易成本的概念之外，还充分关注到交易行为产生于主体间彼此的资源需要，

---

① FURUBOTN. E. G. and RICHTER. R. Institutions and Economic Theory：the contribution of the New Institutional Economics，University of Michigan Press 2005. PP. 43 - 45.

② 奥利弗·E. 威廉姆森. 资本主义经济制度——论企业签约与市场签约 ［M］. 段毅才，王伟，译. 北京：商务印书馆，2002：33 -35.

而交易成本则产生于资产专属性、主体间的信息不对称性和缔约主体行为选择的不确定性，通过制度设计改善交易行为和交易环境可以在一定程度上降低交易成本。

第二节　管理交易成本及其根源

管理交易成本是指在组织管理过程中，行为主体基于资源动员与有效整合以实现组织更好发展的目的，在与组织内部或外部其他行为主体进行以资源交易为核心内容的交往过程中，因理性张力所导致的行为选择矛盾与冲突而最终产生的行为选择成本。简言之，管理交易成本是管理行为主体为实现资源性目的而需要偿付的行为选择代价。管理交易成本与行为主体的价值判断和行为选择相关。只要理性选择空间存在，行为主体的行为选择就带有不确定性，交易成本就可能因交易动机、行为和环境的复杂性而产生，交易成本的高低与其复杂程度呈正相关关系。

管理交易成本的产生与管理中人的理性价值判断和行为选择密切相关。埃瑞克·菲吕博顿和鲁道夫·瑞切特把管理交易成本解释为企业内部发布命令的成本，并认为其与市场交易成本（使用市场的成本）和政治交易成本（政治体制中制度框架的运行和调整所涉及的成本）共同型构了交易成本的完整体系。[①] 如果权力这种制度

---

① FURUBOTN. E. G. and RICHTER. R. Institutions and Economic Theory: the contribution of the New Institutional Economics, University of Michigan Press 2005. PP. 43 – 45.

资源可以完全规范主体行为，在发布命令这样的管理过程中就不会产生交易成本。也就是说无论是行政的方式还是市场的方式，在资源配置过程中都会遇到某种行为阻力，使制度效能受到削减甚至是命令完全失效。

组织行为学和组织社会学中关于人性、人的动机与行为因果相关性对组织管理之影响的相关研究，可以帮助我们更好地分析管理交易成本问题。赫伯特·西蒙（Herbert Simon）在《管理行为》一书中提出了"管理就是决策"的经典命题，并认为管理决策是由一系列过程性决策和若干个体决策所组成的复杂决策系统。组织行为和管理活动是与组织成员的价值与行为选择密切相关的。建立在人际关系研究基础上的管理行为选择学派提出了"社会人"的人性分析主张，将人的行为选择及其动机分析从自我的狭小空间放大到主体间关系视域，这也符合马克思对人的存在方式和社会属性的基本判断。西蒙在解释人的行为选择时给出了社会价值和认同两个概念，以证明个体行为选择的群体价值指向。

"当个人行为受到个人对群体其他成员行为的预期的指导时，便产生了协调……对一切有组织的行为进行的分析向我们表明，一旦每个协作者都给自己规定了这样一种抉择准则——让他自己的行为依赖于其他人的行为，那么，有组织的行为便产生了。"①

社会人作为一种人性假说，其提出是为了满足行为科学理论研

---

① 赫伯特·西蒙. 管理行为［M］. 杨砾，韩春立，徐立，译. 北京：北京经济学院出版社，1988：121-122.

究的前提预设需要，并不是也不可能抹杀人性中经济性和逐利性的一面，只是在个体逐利性行动中，拥有社会性一面的人变得更加"理性"，表现为理性运动过程更加丰富和完善，对行为动机和行为结果的分析更加全面，视域更加宽阔。这也是理性经济人与纯粹经济人相区别之处。但是情况也并不总是令人乐观的，既然人的个体理性主张和追求个体利益最大化的动机存在，那么像合作、交易这样的集体行动就会受到个体理性主义和个体功利主义动机与行为的威胁，在缺少制度保障的情况下，就不能保证个体的行为选择不会伤害到他者和群体的利益，或者说不能保证所有行动参与者会确定地选择道德的行为，同时也不能保证理性行为选择的结果就一定是理性的。个体理性作用过程最终集合成群体非理性结果是曼瑟尔·奥尔森（Mancur Olson）对集体行动的最大担忧。鉴于后面我们还会系统地分析交易成本的理性根源问题，在这里就不再赘述，权且作为在梳理管理交易成本概念之前所进行的逻辑引述。

管理交易成本产生于主体间的交往过程，主体行为选择的不确定性是管理交易成本产生并有可能不断追加的根本原因。主体行为选择的不确定性指的是交往主体群体彼此间均不能确定对方持有何种交往动机，也不能确定对方会在何时以何种方式做出何种行为选择，更不能确定这种行为选择的结果是否有利于双方共同利益的实现并且不至于损害任何一方的利益，同时有利于交易关系的持久延续。因此，管理交易成本也可以理解为一种与交易主体行为选择确定性及行为结果的可预见性密切相关的可变成本。交往主体群体彼此间行为选择不确定性的存在使合作这样的集体行动面临一定的阻力，合作即便达成也需要组织为不确定性支付相应的成本。

一、不确定性来源的历史讨论：从环境到人的向度转换

不同于风险性的不确定性给交易活动制造了巨大障碍并直接导致交易成本的上升。弗兰克·奈特（Frank Knight）从信息经济学的角度指出，不确定性和风险有着本质的区别，这也导致了不确定性经济决策与风险性决策的差异。

"风险和不确定性的差异体现在以下。对于风险而言，一组事件的结果的分布是可知的（要么通过先验计算，要么由对过去经验的统计获得）。正是在这个方面，不确定性不同于风险。不确定性的情况往往独具个性，不可能形成一组事件。"①

在不确定性的来源问题上，佳林·库普曼斯（Tjalling Koopmans）总结归纳了两方面原因，其一是在我们的日常活动中随机发生了某些例外的情况，干扰了预先的行动计划，这些情况的发生及其影响是我们无法预料的；其二是行动主体间信息沟通的不顺畅，决策者无法及时了解行动相关信息的最新变化情况。前者所导致的是初级不确定性，后者则称为次级不确定性，其间的差别是，"初级不确定性具有一种随状态而定的性质，而次级不确定性则产生于'缺乏沟通，即一个决策者无法知道其他决策者的现时决定与计划'——他认为次级不确定性'至少从量上来说与产生于自然的随

---

① 奈特. 风险、不确定性和利润［M］. 郭武军，刘亮，译. 北京：华夏出版社，2013：181.

机行为和消费者偏好之间不可预期的改变的初级不确定性同等重要'"。①

威廉姆森则认为库普曼斯的分析是不全面的，这种分析忽略了那种因行动者主观策略性地隐瞒、伪装或扭曲信息而造成行为不确定的情况。

"当交易各方都处于倚重双边依赖的状况时，这类策略性特征就会不可避免地显示出来。这样，认识到第三类不确定性即行为（或者二元）不确定性，就是有用的了。"②

威廉姆森意在说明，当行动者认识到信息非对称性对创造竞争优势的重要意义时，就有可能采取欺骗的方式刻意制造和扩大信息的非对称性，希望从中获利。交易各方均持有这样的动机并采取相类似的行为，交易过程中的不确定性程度便会加重，交易成本也相应地会进一步增加。威廉姆森举了这样一个例子：

"事后竞争是否充分有效，依赖于所讨论的货物或服务是否受到对交易专用性人力或物质资产的耐久性投资的支持。在任何这样的专用性投资都没有进行的地方，最初的竞标赢家就不能实现对非赢家的优势。尽管它也许会继续供应相当长的一段时间，这只不过是因为，事实上，它一直在对付来自合格对手的竞争性叫价，但是，

---

① 奥利弗·E. 威廉姆森. 治理机制［M］. 王健，方世建，译. 北京：中国社会科学出版社，2001：52.

② 奥利弗·E. 威廉姆森. 治理机制［M］. 王健，方世建，译. 北京：中国社会科学出版社，2001：53.

一旦对交易专用性资产的主要投资到位后，就再也不能假定竞争对手们处在同一起跑线上了。在这些情况下，赢家拥有对非赢家的优势，也就是说，续约间歇期间的平衡被打破了。相应地，最初的大数目竞标条件此后就被有效地转化为双边供给条件。对耐久性交易专用资产的投资的显著依赖之所以在竞标赢家与非赢家这两方之间引入了合约不对称性，是因为如果持续进行的供给关系被终止，就会造成经济价值的损失。"①

威廉姆森对不确定性来源的投机性根源分析具有重要的启示意义。他本人并不否认各种客观因素导致了交易环境的不确定性，但他更关注的是这种交易环境的不确定性至少部分地是由人主观造成的，夹杂着机会主义动机。可见，学者们对不确定性不同来源的分析和关注事实上将交易活动中的不确定性划分为两种类型，即交易环境的不确定性和交易过程中人的（行为）不确定性。由此，交易过程中不确定性的类型和来源变得多样化了，并最终完成了由环境向人的向度转换。

二、主体行为选择不确定性的理性根源

综合前期讨论我们认为，影响管理交易成本的因素包括环境与人两个方面，其中人的行为选择的不确定性不仅是不确定性矛盾的主要方面，而且在相当程度上影响着交易环境。威廉姆森对行为不

---

① 奥利弗·E. 威廉姆森. 治理机制 [M]. 王健，方世建，译. 北京：中国社会科学出版社，2001：53 – 54.

确定性来源的机会主义动机分析，足以引起我们对行为不确定性之理性根源的思考。

首先，人的理性作用过程可能受到非理性的干扰。人是理性与非理性的统一体。人既可能做出理性的行为选择，也可能做出非理性的行为选择。人的理性问题是西方哲学的古老话题，古希腊学者亚里士多德就曾提出人是理性的动物，理性"就是灵魂用来进行思维和判断的东西"。[①] 勒内·笛卡尔（Rene Descartes）也认为，"那种正确地做出判断和辨别真假的能力，实际上也就是我们称之为良知或理性的那种东西。"[②] 理性作为一种人认识世界和改造世界的能力更强调思维与行为的逻辑属性。理性使人的思维与行为更具科学性、可靠性和规律性。当然，如果人仅仅是遵从理性行事的，人的行为选择至少在一定程度上是具有可预判性的，交易过程中的不确定性程度也相应地可以得到局部控制。而事实恰恰相反，人的能力系统中包含了大量的非理性因素。"与理性能力相反，非理性是指人所具有的一种非逻辑、非条理化的精神能力，如直觉能力、意志能力、本能能力等，这种精神能力推动着人们去从事那些难以表述的和不能自已的认识和行动。"[③] 在非理性的作用下，人的行为往往受特定情境下所产生的情感、情绪的驱使而带有本能的色彩，表现出非逻辑性、非常规化和不稳定性，令人难以预判和掌控。但是与理性相比，非理性的作用往往是瞬间的，非理性一般会服从于占据人

---

① 何颖. 非理性及其价值研究［M］. 北京：中国社会科学出版社，2003：190 - 191.
② 何颖. 非理性及其价值研究［M］. 北京：中国社会科学出版社，2003：191.
③ 何颖. 非理性及其价值研究［M］. 北京：中国社会科学出版社，2003：191.

的思维与行动主导地位的理性。随着特殊情境的转化、情感的淡化、情绪的平复，人的思维与行动也会复归理性。但是，交易过程中非理性行为所留下的消极烙印却难以抹去，人也并不能保证总是按照理性的原则和标准去思考问题并采取行动，不定期发生的非理性行为极大地增加了交易过程中的不确定性。

其次，人的认知理性在变动不居的外部世界面前往往呈现出局限性。当人的认知能力受到局限，对外部世界缺少整体的把握时，人只能在有限的理性空间内做出行为选择。西蒙最早提出了有限理性的观点，认为人在主观上都追求理性的行为和结果，但只能在有限程度上做到这一点。西蒙所谈的人在主观上追求理性与威廉姆森话语体系中的人的"意图理性"在表意上具有相似性。在谈及组织存在的意义时威廉姆森强调："正是因为单个个人的知识、预见力、技术以及时间都是有限的，所以组织对实现个人的目的来说才是有用的投资"①。事实上，在变动不居的外部世界并不完全可知，自身的认知能力有限的情况下，人的理性思维能力受到了极大的局限，其作为外在表现的行动也就无法呈现完整的理性预期，人认识世界和改造世界的整体能力也会大打折扣。在认知理性有限的前提下，人的行为只是其主观世界中所能掌握的那部分外部世界的客观反映，个体偏好、认知能力都会影响其主观世界中外部世界的具体样态。基于不同的外部世界认知，不同行为主体间在思维与行动上也会体现出不同的逻辑，其中能够被我们直观感受的即是行为选择的多样

---

① 奥利弗·E. 威廉姆森. 治理机制［M］. 王健，方世建，译. 北京：中国社会科学出版社，2001：47.

化和不确定性。

再次，人的价值理性容易受到个体理性扩张的潜在威胁。人的价值理性是人对自身存在及行为的意义和价值指向的逻辑思考。人的个体理性是人对个体利益最大化的实现方式、条件、路径等问题的逻辑思考，反映了人对个体利益及其实现问题的强烈关注。马克思对人的社会属性的强调意味着人的价值理性不可能只是片面地追求个体利益，同时也决定着人的个体利益及其最大化不可能脱离群体利益而单独实现。但不容否认，人的个体理性的确潜在地威胁着人的价值理性，一般表现在个体的动机与行为选择方面。个体理性的扩大化往往使人陷入片面的、有缺陷的逻辑思考过程当中，不仅使人无法对局势形成科学的判断，而且使人无法对个体利益最大化实现形成清晰的认识，其行为选择结果往往损害个体利益。如前文所述观点，"囚徒困境""公地悲剧"等内隐着理性逻辑困境的集体行动困境问题就是很好的例证。

个体理性的扩大化往往会诱发机会主义行为。机会主义者往往怀有强烈的个体理性倾向。机会主义行为虽然同样产生于人追求私利的主观动机，但与伦理所认同的、道德的、非扩大化的个体理性动机和行为不同，不仅其追逐私利的动机异常强烈，并且这种动机往往具有唯一性，此动机所引发的行为常常是为达个体目的而不择手段和不计后果。

"机会主义指以欺诈手段寻求自利的行为，包括精心计算的误导、欺骗、混淆或制造其他混乱的努力。应当把机会主义与简单的寻求自利行为区分开来，就后者而言，个人还是按照他们可靠地遵守的规则进行游戏的。"①

　　机会主义行为在一定的时间与空间范围内具有强烈的破坏作用。由于缺少行为选择的他者视域和群体视域，行为一旦出现便可能对群体整体和群体内的其他行为主体的利益造成伤害，同时也破坏着合作关系和交往秩序。在形形色色的机会主义世界里，"搭便车"只是其中破坏力较弱的一种特殊表现形式。这种以不采取行动而达到获利目的的行为选择虽不直接对他者利益和群体利益造成危害，却间接地影响着集体行动的效能、秩序和伦理。由于个体理性主义动机的不可感知性，其存在的可能性和诱发机会主义行为的必然性共同增加了主体行为选择的不确定性。

　　综合来看，不确定性是影响管理交易成本的主要因素，而行为主体行为选择的不确定性不仅从根本上而且更为直接地作用于交易成本。在主体间交往过程中，行为主体的行为选择一般都会受到隐藏在行为背后的抽象的理性运动过程和复杂的动机的支配。在未充分探明他者理性倾向和准确动机前，任何一方均不会率先付诸行动，因为率先行动容易使对方有机会利用自己率先行动所造成的行动弱势而将自己置于交易中的不利地位。结合前文我们所提到的人的认知理性的有限性，当人对其交往对象缺乏足够的了解，对其理性、动机与行为缺乏信心时，一般会出于自保的心理而选择对自己来说更为安全的行为。这种安全的行为既包括消极观望的行为选择，自

---

　　① 奥利弗·E. 威廉姆森. 治理机制［M］. 王健，方世建，译. 北京：中国社会科学出版社，2001：480.

然也包括保障自我利益最大化优先实现的行为选择。所以，管理交易成本的困境在本质上反映了资源性活动中不同主体在不同程度上存在的行为选择困境和交往主体间的关系困境。因此，改善主体间关系，增强行为主体行为选择的确定性应当成为消解不确定性危害并节约管理交易成本的逻辑旨趣。

第三节　社会资本节约管理交易成本的内在机理

从主体行为规范和主体间关系调整的角度来看，引入社会资本的分析有助于节约管理交易成本。在这里应着重强调社会资本的两个特性。首先，社会资本是嵌入在主体间关系中的一种资源。正是由于这种特定的主体间关系结构的存在，才使社会资本可以发挥包括关系调整、行为规范在内的一系列功能。其次，社会资本是一种能够规范内部主体行为的资源。社会资本的生产性对行为主体具有吸引力，同时也凭借这种生产性对其成员产生行为约束力。布尔迪厄所谈的"公认的""体制化的"网络即是指融入社会资本网络中的行为主体始终要认同、尊重并践行网络的共识性价值及其实现方式，这种价值共识是行为主体群体的共同约定，具体包括行动的价值目标、能够体现行动价值的恰当行为选择，以及对失当行为的惩戒。在价值目标方面，社会资本为全体行动者确立了以共同体利益最大化且优先实现为核心的公共性价值、以平等互惠为旨归的公平性价值、权利与义务相呼应的主体责任价值。由此，要求行为主体在行为选择过程中要充分彰显他者视域和群体视域，确保公共性、公平性和主体责任价值目标的实现。

一、信任社会资本以其行为简化功能降低交易事前成本

交易事前成本产生的一个直接原因在于理性的交易主体间相互不信任。彼此缺乏信任的主体间进行合作，双方往往都要为这种自保戒备的心理支付更多的成本。在缺少第三方提供信誉担保的情况下，理性的交易主体大多不会轻易地相信对方不会以欺诈的方式使自己的利益受损。社会资本以群体声誉为其内部成员的行为提供了这种信誉担保。凡是融入社会资本网络中的成员均可平等地分享网络整体声誉，只要社会资本网络整体具有良好的口碑，其内部成员均会被贴上可被信任的标签。这种社会资本网络成员身份标识具有重要的行为简化功能。

社会资本网络成员身份标识的行为简化功能应从两个方面来理解。首先，对于网络内部成员而言，其行为选择只能依据所在社会资本网络的行为规范而进行，当道德行为成为成员间普遍共识并上升为社会资本网络的伦理规范时，其内部成员基于成员身份所带来的资源与行动优势，迫于群体压力，只能理性地选择道德的行为以维系这种成员身份和稀缺的关系资源，同时也是在以实际行动履行作为社会资本网络成员维护网络整体声誉的基本义务，此时行为主体的行为选择被简化为其所归属的社会资本网络的道德行为范畴，原本复杂的理性计算过程也相应地得以简化。其次，对于交易双方而言，无论双方是否处于同一社会资本网络，双方均可依据对方所

处的社会资本网络的道德行为标准和整体声誉状况，迅速地判断对方的可信程度，在可靠性结论支撑下迅速地做出与之合作的选择，从而简化了以对方可靠性道德行为判断为目的的一系列行为过程。由此可见，信任社会资本不仅为行为主体的行为选择提供了基本的依据，而且为其可信性和道德行为的可靠性提供了信誉担保，从而节约了因交易双方缺少互信而产生的交易成本。

二、规范社会资本以其行为规制功能节约交易事中成本

交易事中成本产生于交易过程中行为主体做出非道德行为选择的可能性。即便社会资本网络可以为内部成员提供信誉担保，使交易关系迅速确立，但仍不能保证交易中的任何一方不会在实际交易过程中做出非道德的行为选择。正是这种可能性的存在，使得交易中率先付诸行动的一方往往因惧怕对方拒不兑现承诺而使自身利益受损，便时刻监控对方的后续行为或催促对方兑现承诺，由此造成了交易事中成本的增加。

社会资本所提供的规范是基于成员对道德行为形成普遍共识的伦理性规范。这种伦理属性一方面为成员个体的道德行为划定了群体的伦理框架，一方面规定着成员个体之间相互负有道德责任，相互之间应尽道德行为选择的义务。从共同体视域来看，社会资本网络内部成员的行为选择要以不损害共同体包括良好声誉在内的一切利益为前提，同时这一行为要有利于实现共识性价值目标，体现出行为的价值性和规范性。从他者视域来看，社会资本网络成员在进行行为选择之前，要从他者视域出发进行换位思考，充分评估、衡量和预判自身行为选择的后果对他者可能造成的一切不利影响。

社会资本所提供的规范也是一种互惠性规范。这种互惠性不同于一般商品交易过程中的均衡互惠，而是一种在时间和空间上具有延展性，在数量上不追求完全均等的普遍互惠。从互惠形成来看，当一方为另一方行为主体在某种领域提供了某种形式的帮助，履行了社会资本伦理规范所要求的行为义务，受助者便向施助者开具了一张行为赊欠单，施助者在未来某种领域需要先前的受助者提供某种形式的帮助时，先前的受助者按照普遍互惠的规则和社会资本的伦理规范要求就有义务以道德行为偿还先前的赊欠单，兑现道德承诺。此外，普遍互惠的形式也表现在实现共识性价值目标的集体行动当中。因为集体行动的成果可以为社会资本网络成员所共享，所以网络内部成员作为利益相关者均负有付诸行动的义务。行动者之间形成义务与期望的关系，付诸行动者在履行道德行为义务的同时也期望着其他行动者以同样的行为选择履行同样的道德义务。拒不兑现承诺、拒不履行道德义务的行为主体将受到社会资本网络成员群体严厉的道德惩罚。这种基于群体伦理压力的道德惩罚方式虽不同于强制性的正式制度，但群体排斥所带来的生存危机足以使行为主体产生畏惧并自觉地选择道德行为。交易过程中的自为秩序得以建立，自组织机制得以生成，交易成本由此得以节约。

三、网络社会资本以其行为检视功能节约交易事后成本

交易事后成本一般体现为守诺者对非道德行为的追偿成本。在信任社会资本和规范社会资本的共同作用下，交易关系得以迅速确

立，交易过程得以顺利进行，但在单次交易过程中，仍不能完全杜绝交易主体借助群体声誉做出有违道德规范的行为。此种情境下产生的非道德行为选择具有明显的机会主义特征，往往伴随着行为主体对其非道德行为不被他者知晓的侥幸心理。在行为信息非对称的前提下，这种对非道德行为进行追偿所需要付出的行动成本往往巨大，在不足以补偿交易损失的情况下，追偿行为一般会被放弃，同时也就助推了非道德的机会主义行为的蔓延，给交易活动的持久发展带来危害。

网络社会资本具有信息传导功能。不仅信任、资源、友谊可以通过社会资本网络进行传递，与网络内部所有成员行为选择相关的正面和负面信息也会在社会资本网络内部快速传播。由此，那种失信的、拒不兑现承诺的非道德行为在网络社会资本情境下变得无处藏身，非道德行为主体将背负巨大的非道德行为选择代价。在网络社会资本的作用下，交易主体的道德或非道德行为选择信息变得公开而透明，交易主体均会考虑负面行为信息网络化传播的极端消极影响，为了持久生存与发展的目的将自觉地选择诚实、守信、兑现承诺的道德交易行为，由此节约了交易成本。

综合来看，社会资本的信任、规范、网络三大结构要素在规范主体行为方面并不是单独发挥作用。信任社会资本提供了道德行为的可信性，规范社会资本提供了道德行为的可行性，网络社会资本提供了道德行为的可靠性。由行为主体行为选择不确定性而引发的交易事前、事中和事后成本在社会资本的作用下得到全面削减。

第六章 社会治理中的协同关系

协同治理是治理的高级形态。现代化的治理要求多元主体在治理集体行动中实现有效协同。治理运动最早起源于西方，也称为"多元治理""多中心治理"或"合作治理"，是 20 世纪末公共管理领域内发生的一次意义深刻、影响深远的治道变革。治理带来了公共管理主体结构的巨大变化，广大社会组织、经济组织、政治组织、公民个体等与政府一道，共同承担公共事务治理的历史使命。治理内部结构的变化意味着治理时代的公共管理活动已经成为一项集体行动或集合行为。集体治理能否发挥整体大于局部之和的效应，并实现对单一政府治理模式的超越，完全取决于多元主体之间能否实现有效的协同。"协同治理"成为当下治理理论研究者日渐关注的焦点。"协同治理"概念的提出旨在强调"协同"的重要性，没有协同就不能形成合力。因此，有必要从治理内部结构及主体间相互关系出发，分析主体间协同困境的真正原因，并找到走出治理之协同困境的有效路径。

第一节 从社会管理到社会治理

从人类社会发展史来看，社会管理的实践历程是相当久远的。从最宽泛的意义来说，自从人类社会诞生起，就已经有了以满足社会成员衣、食、寝等需要的族群管理活动。伴随人类社会的不断向前发展，社会管理活动的内容也随之不断丰富。只不过，早期人类并没有意识到这种管理活动正在以一种制度化的方式一方面满足群体的共同利益需要，一方面实现着对全体成员的约束。千百年来，社会管理因社会生活的持久性而成为公共生活的基本内容。

社会管理（social management）并不是一个新鲜的概念，在西方文献资料中，我们能够看到社会行政（social administration）和社会政策（social policy）等其他相近概念。在国内关于政府职能问题的研究中，学者也大多倾向于将传统公共行政中的政府职能划分为三部分，即国家事务、社会事务及政府自身事务。其中对社会事务的管理亦即我们现在所研究的社会管理。此类社会事务广义上包括社会经济事务、政治事务、文化事务等，狭义上社会事务指除政治、经济活动以外的社会公共事业、社会保障等。恩格斯曾这样认识国家履行社会管理职能的重要性："政治统治到处都是以执行某种社会职能为基础的，而且政治统治只有在它执行了这种社会职能时才能持续下去。"① 可

---

① 马克思恩格斯全集（第20卷）[M]. 北京：人民出版社. 1971：195.

见，社会管理是执政党的重要工作内容，也是政治领导集团实现政治稳定与发展的基本前提。从利益共同体的角度，国家及其政府有义务在社会财富分配、化解社会矛盾、维护社会公平与正义、促进社会和谐与稳定等方面发挥积极的作用。

社会管理创新问题的提出，源自中国共产党作为执政党对如何提高国家和社会整体运行的效率与效益，如何改善民生，消解经济发展与社会进步过程中的不协调因素的系统性思考。早在中共十六届四中全会上，中共中央就提出要"加强社会建设和管理，推进社会管理体制创新"。中共十七大又进一步提出要"建立健全党委领导、政府负责、社会协同、公众参与的社会管理格局"①。社会管理创新被逐渐纳入了党在新时期指导社会发展、社会建设的完备的理论体系之中，社会管理创新成为各级政府的重要工作内容。2011 年2 月 19 日胡锦涛同志在中央党校举行的省部级主要领导干部社会管理及其创新专题研讨班开班式上对此又强调指出，"针对当前社会管理中的突出问题，着重研究加强和创新社会管理、做好新形势下群众工作的思路和举措，为促进社会和谐、实现'十二五'时期经济社会发展目标凝聚强大力量。"② 中共十八大报告在创新社会管理方面提出了新主张：

"加强社会建设，是社会和谐稳定的重要保证。必须从维护最广

---

① 胡锦涛. 高举中国特色社会主义伟大旗帜为夺取全面建设小康社会新胜利而奋斗——在中国共产党第十七次全国代表大会上的报告［EB/OL］. 中华人民共和国国务院新闻办公室网站，2007 – 10 – 26.

② 胡锦涛. 在中央党校省部级主要领导干部社会管理及其创新专题研讨班开班式上的讲话［EB/OL］. 中华人民共和国中央人民政府网站，2011 – 02 – 19.

大人民根本利益的高度，加快健全基本公共服务体系，加强和创新社会管理，推动社会主义和谐社会建设……加强社会建设，必须加快推进社会体制改革。要围绕构建中国特色社会主义社会管理体系，加快形成党委领导、政府负责、社会协同、公众参与、法治保障的社会管理体制，加快形成政府主导、覆盖城乡、可持续的基本公共服务体系，加快形成政社分开、权责明确、依法自治的现代社会组织体制，加快形成源头治理、动态管理、应急处置相结合的社会管理机制。①

这是党中央对未来社会管理创新工作所提出的方向性要求和战略性工作部署。国家"十二五规划纲要"中也明确提到，由于当前中国社会处于发展的重要战略机遇期和社会矛盾凸现期，针对社会管理领域存在的诸多问题，社会管理将成为今后几年的重要工作之一。②

创新社会管理是时代赋予我们的神圣使命。改革开放后的中国走过了四十余年的历程，改革的成果是显著的，同时也暴露出不少的问题。这些矛盾归纳一下就是利益矛盾。在结束了物质资料匮乏问题之后，一部分人长期无法分享改革所带来的收获，分配结构不合理致使贫富差距拉大，社会矛盾重重，冲突加大，社会管理行政化且单一化、基本公共服务薄弱等等。反思中国特色社会主义市场

---

① 胡锦涛. 坚定不移沿着中国特色社会主义道路前进为全面建成小康社会而奋斗——在中国共产党第十八次全国代表大会上的报告 [EB/OL]. 中华人民共和国中央人民政府网站，2012 – 11 – 17.

② 中华人民共和国国家发展和改革委员会. 国民经济和社会发展第十二个五年规划纲要 [EB/OL]. 中华人民共和国中央人民政府网站，2011 – 03 – 16.

经济发展的历程，我们不难发现，以市场作为资源配置的基础手段确实带来了市场的自主性与活跃性。但市场也存在失灵的情况，不能固执地认为管得越少的政府越是好的政府，什么都不管才符合市场经济的要求。这种小政府大社会的理念在西方国家已经实践过了。事实证明，政府不是不管，而是在管与不管之间寻找一个平衡点。政府与市场和社会协同运转，共同治理，才能达到公共事务治理的最佳运行状态，协同治理（synergy governance）成为当下公共管理学界讨论的热点。可见，社会管理创新不仅是摆在我们面前的重要工作，而且是首要工作。社会管理创新意味着中国三十余年改革成果在多大范围内共享，决定着中国改革实践的最终命运。中国经济、政治与社会各方面要想获得可持续的良性发展，必须加强社会管理创新工作。

"社会治理"一般用来描述在社会公共事务领域内发生的，通过政府与社会力量充分合作实现的，以公共利益最大化为最终目标，以各类社会公众需求的优化满足为现实任务的多元主体间持续性联合行动。社会治理主体系统内部包含政府、企业、社会组织、公民等多元主体。

作为一次全新的主体间关系调整，社会治理意味着政府与社会间的关系由传统政府一元化、从政府到社会单向度的"主—客"关系结构向现代政府与社会多元化、政府与社会主体双向度并以具体事务为对象的"主—客—主"关系结构转型的过程。作为一次多元主体间的联合行动，社会治理意味着政府与社会组织、企业组织、公民之间相互包容、相互支持并协同合作，共同追求公共性、公平、正义、发展等价值目标的系统运动过程。作为一种全新的制度设计与安排，社会治理意味着权力系统革新理念并主动接纳社会，将制度空间向社会有序开放的过程。

在中国，"社会治理"已逐渐由一个学术概念上升为施政策略。中共十八届三中全会指出，"全面深化改革的总目标是完善和发展中国特色社会主义制度，推进国家治理体系和治理能力现代化"。社会治理现代化是国家治理现代化的主要内容和重要支撑，它既是一种社会治理水平的总体标志，又是一个革新社会治理理念、提升社会治理能力、变换社会治理方式、健全社会治理体系、完善社会治理结构、改良社会治理环境的系统过程。因此，现代化的社会治理在内涵上应该包括治理理念现代化、治理工具现代化、治理能力现代化等基本内容。具体来看，现代化的社会治理理念包括公共性理念、公平的理念、人本的理念、法治理念、合作的理念和可持续发展的理念；现代化的社会治理工具包括制度工具、伦理工具、网络工具等的综合运用；现代化的社会治理能力指征决策与执行能力、服务能力、社会资源动员与整合能力的全面提升。协同治理适应了社会治理现代化的理论和现实要求，是推动社会治理现代化的重要手段。

第二节　协同治理的内涵与价值

进入全球治理时代，政府不再是公共事务治理的唯一主体。经济组织、社会组织、公民个体已经逐渐以参与、合作的方式融入社会生活领域。社会管理单一格局被打破的同时，人们开始从结构功能主义视角出发，关注新型社会治理结构的整体效能问题。协同治理作为一种包含多元主体合作关系的治理方式应运而生，其特征是协同合作、资源共享、平等互惠和效益增量。

一、协同治理的内涵

"协同"这个概念来源于 20 世纪 70 年代赫尔曼·哈肯（Hermann Haken）所创立的系统协同学。他从系统论出发，把促成事物发展诸要素的排列方式分为有序的和无序的两种，无序的就是混沌的，有序的就是协同的。之后，"协同"概念被广泛借鉴到其他学科相关问题领域的分析当中，借以指征事物从无序走向有序的运动过程和运动结果。治理是一项饱含公共性的复杂的系统工程。治理的目的性价值在于公共利益的实现与维护，治理的工具性价值在于公共管理的效率与效益。治理的双重价值实现依托于治理的内在秩序性，即多元治理主体间的有机协同。协同治理是多元治理主体基于交往中达成的普遍共识，在公共事务治理领域内所开展的广泛协作。协同治理中的"协同"是协同治理区别于一般性治理的特色之处，"协"是协作，"同"是认同，"协同"即多元主体在彼此认同的基础上展开协作。"同"作为理念是"协"的灵魂，"协"作为实践是"同"的化身。协同治理因此体现为多元主体从理念到实践的全面融合与和谐发展。形而上的协同是指多元治理主体在治理的基本价值追求、治理主体的权利与义务、主体行为的正当性、失当行为的惩戒等问题上所达成的普遍共识，是多元主体意志统一的过程，解决的是何以能协同治理和该如何协同治理的问题；形而下的协同是多元治理主体在公共事务治理实践中的具体协作过程，是统一意志的具体执行过程，解决的是协同治理的实然性问题。

"治理反映的就是这样一种观念：各国政府并不完全垄断一切合法的权利，政府之外，社会上还有一些其他机构和单位负责维持秩序，参加经济和社会调节……治理是有效政府管理的基础，是有效管理的补充……治理体系的参与决策过程和社会仪式不但对公平分配社会财富至关重要，而且因为参与作为一种重要的社会——心理功能，有助于加强个人与集体身份之间关系的认同。"①

"治理"作为一次集体行动离不开"协同"，协同成为一种期望，并需要通过各组织之间持续的互动、互惠行为来实现，彼此之间围绕资源共享形成一种依赖关系。协同关系形成的基础条件是"共同的目标"。同时，这种资源共享存在着路径依赖，他提到了三个重要条件："参与者的资源""游戏规则"和"交换的环境"。"参与者的资源"是对治理主体资质的要求，没有公共服务的动机和为公众提供服务的能力的组织不具备这样的主体资格；"游戏规则"是对多元治理秩序性的要求，协同关系并不是命令、支配与控制，而是强调机会公平、信息公开、平等参与、共享成果；"交换的环境"即治理主体间的交往环境，强调公平性、稳定性、安全性和可靠性。在这里，罗西瑙潜在地表达了对协同治理这项集体行动能否生成与

---

① 罗西瑙. 没有政府的治理［M］. 张胜军，刘小林，等译. 南昌：江西人民出版社，2001：5-6.

延续的担忧。此时，集体行动的困境被聚焦在治理主体能否协同的问题上。

二、"府社"协同治理中的主体间关系

政府与社会组织在治理中实现有效协同首先需要解决差异主体间的共识问题。政府与社会组织分属不同的社会部门，在组织性质、组织机制、组织资源、组织理念等方面都表现出一定的差别性。因此，若要实现两者协同行动首先要解决统一认识问题。这种主体间共识既包括双方达成以协作共治的方式实现、维护并增进公共利益的价值目标共识，也包括双方在协同行动中所必然涉及的职能关系、权力关系、责任关系、利益关系等方面达成主体间共识。前者解决的是两者为什么要合作的问题，后者则关系到政府与社会组织如何能实现更加有效的合作，并直接影响到合作治理价值目标的最终实现。

首先，在职能关系结构方面，协同治理不是政府从社会治理领域完全退出，而是在制度引导下的社会组织积极进入。职能结构调整的依据是社会公众的实际需要和社会组织的成熟度。协同治理意味着政府与社会组织共同承担社会管理职能和公共服务职能。将转变职能作为行政改革的核心任务是我国行政体制改革认识与实践中的重要进步。只有认识到行政改革的关键在于转变职能，才能真正地走出行政改革的"怪圈"。转变职能事实上是通过政府向社会转移职能来具体实现的。那么问题随之产生，政府应该向社会组织转移全部职能还是部分职能？向具备何种资质的社会组织转移职能？以

147

怎样的方式转移职能以平衡有效地实现政府自身的职能转变？可见，政府在转变自身职能的过程中，对新型主体间职能关系结构所涉及的诸多问题需要有清醒的认识。政府作为国家公共权力的执掌者，一方面要处理国家事务，同时还要面对社会事务和政府自身事务。其中，社会事务在内容上最为庞杂，给政府带来的压力也最大，也正是社会组织大有作为的空间。相应地，社会组织作为治理行动的参与者也应明确自身在社会发展中的任务与角色，通过能力建设承接好政府转移的职能。从我国现阶段社会组织发育整体现状来看，不仅总量不足，而且覆盖面窄，服务能力相对较弱。因此，在政府向社会组织转移职能时，基本原则应该是将那些适合社会组织承接，由社会组织承接更好的公共服务职能转移给社会组织。同时，政府应转变集决策、执行、监督职能于一身的全能角色，将部分执行职能转移给社会组织，集中精力履行决策职能，鼓励社会组织参与社会事务决策，并逐步实现监督职能由政府向第三方转移。

其次，在权力关系结构方面，协同治理并不是要求政府弃权，也不是政府与社会组织均权，而是赋予社会组织以社会公共事务的部分治权，实现国家公共权力与社会主体权力的相互呼应。权力不是政府合法性的唯一源泉，政府部分地还权于社会，非但不会威胁到政府自身的合法性，反而会因公共利益的更好实现而增强政府的合法性。从政府合法性的内在结构看主要包括两个方面，即权力来源的合法性和权力运用的合法性，政府行使公共权力的过程和结果能否得到社会公众的认同才是政府合法性的决定因素。法定的公共权力本身在实现公共利益的目的面前只是一种手段或工具。政府只有恰当地运用公共权力并最大限度地增进公共利益的政府，才能获得社会全体成员的一致认同，才能获得稳定而持久的合法性。社会组织分享社会公共事务的治理权一方面体现着公共权力由国家向社会的回归，一方面社会组织可以凭借法定的社会主体权力协调处理社会自身的事务，使政府让渡的部分治理权最大化地发挥增进公共利益的实际效能。所以，社会组织行使公共事务治理权非但不会削弱政府的合法性，反而以公共管理实践的整体性效能在检验并强化着政府的合法性。应当认识到，公共权力内部结构的调整，绝不是政府完全放弃社会治理权力。特别是在社会力量发展不完备的阶段，决定社会治理方向、性质、任务、方式等的最高决策权，仍需要由政府来把握和行使，扶持社会组织发展、为社会治理提供可靠性资源供给的职能仍然需要政府来履行。同时，政府向社会组织让渡治理空间，也不是必须实现政府与社会组织间的均权状态，西方的均权主义所带来的巨大博弈成本和突发事件处理的低效事实，充分证明了社会治理权力结构调整问题必须遵循政府主导的原则，坚持彼此适度、相对均衡的原则。相对均衡既是要打破管理行政范式下政府对公共事务治权的垄断状态，积极引导社会主体分享治理的主体性权利，同时这种权力结构的调整同样需要依据社会公共事务治理的实际需要和公共权力的社会承载能力来进行。政府要根据社会组织公共权力的履行情况及社会反馈来动态地调整权力资源的配置，并保留权力结构调整的终极裁定权。

再次，在责任关系结构方面，政府与社会组织协同治理的制度安排并不是说政府可以通过职能转移和权力让渡来转嫁自身对公共利益实现的主体责任，反而更需要政府承担起公共事务治理的整体性责任。在这一点的认识上，我们与西方协同治理制度设计的责任归属理念基本保持一致。西方协同治理所要纠正的正是新公共管理运动兴起之后，随着公共权力和公共职能的下放和下移、回归和转移，官僚制政府的责任意识也随之淡化，出现了政府整体性公共责任碎片化的趋势，西方政府开始有意地转移公众矛盾，推卸责任给内设部门或社会力量，而政府或者不承担或者只承担有限的公共责任。事实上，政府的法定地位决定了它在享有法定权力的同时，也相应地承担着法定的责任。政府不会因为"无为"而免受公众指责，逃脱不了合法性所规定的制度与伦理责任。因此，有必要明晰协同治理中政府与社会组织的责任关系。协同治理的制度设计赋予社会组织以部分公共事务的治理权，这就意味着社会组织需要与政府共同承担行使公共权力以实现公共利益的历史性责任。两者共同的责任对象是社会公众，共同的责任内容是公共利益。同时，政府与社会组织在责任对象与责任内容方面也有差异性。政府除对公共利益的最终实现负有主体性责任外，还要对社会组织的权力行使过程负责，这种责任是基于国家使命的关于公共权力运用的根本性和整体性责任。政府向社会组织追责的行为本身并不能免除政府的整体性责任，哪怕一些权力负效应是由社会组织行使权力不当所造成的。与政府责任相比，社会组织的责任更加微观和具体，只在其权力介入的领域和区域内负担有限度的责任，体现为直接对政府负责，间接对公众负责，并且这种间接性的责任很容易转移到政府身上。相比之下，政府承担的责任具有范围广、内容多、层次高的整体性、全局性特点。所以，政府向社会组织转移职能，并不意味着可以转移整体性责任。所以，整体性公共责任的归属并不完全由权力系统的制度设计来决定，更大程度上是由社会价值判断和政府自身合法性所决定的。

最后，在利益关系结构方面，政府与社会组织协同治理的制度设计在实践中不应突显彼此间的利益争夺关系，而应突出互惠互利、合作共赢的主体间关系。在公共事务治理领域，政府与社会组织的共同利益与公共性价值所指向的公共利益具有一定的重叠性，公共事务治理的终极价值决定了政府和社会组织在面对理性选择和价值抉择时，必须保证公共利益和共同利益优先于个体利益而实现，治理行动主体的单方面利益诉求是在公共利益和共同利益得以优先实现的前提下及实现过程中得到满足的。同时，无论是公共利益、共同利益还是个体利益，其实现的基本方式在现阶段看来应该是合作而非竞争。

此外，在能力方面，协同治理对政府与社会组织也提出了不同的能力要求。政府与社会组织协同治理的制度格局本身意味着社会治理主体的多元化，政府规模的缩小并不意味着政府可以弱化自身能力，降低对自身履职能力的要求，反而这一制度安排的内在运行机理恰恰对协同关系中政府的实践能力提出了超出以往的更高要求。不得不承认，当前我们建构政府与社会组织协同治理制度格局的主张，是在"政府强、社会弱"的现实基础上提出的。这一强一弱的能力结构给协同治理带来很大难度。具体来看，政府"强"，也仅限于政府承担着更多的社会治理职能，并不能证明其有足够的经验和能力来应对多元治理格局这一新的制度挑战，或者说能够成功地驾驭这部庞大的社会治理机器。"社会弱"主要指社会组织参与社会治理的广度、深度和效度有待提升，这已经成为制约我国协同治理制度效能的一个重要因素。相对较弱的社会组织是无法有效承接政府转移的社会职能并协同政府向社会提供优质公共服务的。因此，社会组织也需要提升主体意识和服务意识，在协同治理的制度实践中不断加强自身能力建设，与政府组织间真正实现"强—强"联合。

政府能力的提升是协同治理系统能力和整体效能提升的根本保证。协同治理的未来发展趋势是要逐步塑造一个规模小、能力强的政府。改革开放四十年来中国经济社会的快速发展令世界瞩目，以致有些外媒及学者把中国的经济社会发展道路与成就称之为"中国模式"，并把发展的成果归因于国家干预和行政指令控制。称赞"中国的指令—控制制度较其他经济学家所重视的制度运转有效得多……他们以连贯的方式推动和引导人民和国家的资源达到共同的目标。"① 事实上，这些媒体和学者只看到了事物发展的一个方面，却忽视了以行政的方式来配置和协调社会发展资源所产生的高额行政成本，以及政府在独自履行社会管理职能中所付出的高额代价。所以，当下中国亟须确立市场在资源配置中的决定性地位，在公共事务治理和公共产品与服务供给方面提升市场化水平。政府与社会组织协同治理理念的提出，不仅为中国更好更快地实现治理现代化提供了重要启示，同时也对协同治理系统中政府应具备的能力提出

---

① 唐晓. 欧美媒体对"中国模式"的评价及其启示［J］. 外交评论. 2010（1）：41.

了不同于以往的要求。首先是政府的公共服务供给能力。这种能力不同于以往之处在于，政府在协同治理框架下将逐步从直接供给环节退出，转而进入组织者角色，政府将集中精力完善公共产品与服务供给系统的建设与运行，实现公共需求与公共服务供给之间在数量、质量和结构方面的更好衔接。其次是政府的资源配置能力。引导社会组织进入公共服务领域本身意味着市场机制的引入，市场具有资源配置的效率优势，同时也有公平性的不足，政府需要充分发挥"元治理"的制度调节功能，发挥行政力量在社会资源公平配置中的促进和保障作用。再次是政府的协同秩序维护能力。协同治理的制度安排旨在建构以公共产品与服务为核心的社会生活良性秩序。政府与社会组织之间的协同秩序是公共产品与服务秩序性供给和社会治理整体性秩序的前提和基础。政府一方面要引导社会组织有序参与，规范其运行，同时还要规范包括自身在内的主体行为，合理划定行为边界，避免因行为失范对协同治理的制度秩序和伦理秩序造成侵害。最后，也是最为关键的在于政府要提高自身的制度供给能力。政府向社会提供稳定的、规范的、公平的制度体现着"依法治国"的基本精神。这些制度的有效供给将使政府与社会组织的协同治理进入规范运行的轨道。协同治理所需要的制度对政府与社会组织双方而言是公平地对政府和社会组织产生平等约束力的制度，有利于协同合作和共赢互利的制度；对社会组织而言是有利于社会依法获得社会治理权利的制度，有利于去除行动阻力的制度，有利于社会组织发展壮大的制度；对政府而言是有利于整体性公共责任实现的制度，有利于维护和增强政府合法性的制度；对社会公众而言，是有利于公共利益更好实现，公众可以从协同治理的制度实践中获得优质高效公共服务的制度。

社会组织能力的全面提升是协同治理系统能力和整体效能提升的关键。在协同治理主体系统中，社会组织的行为能力与政府相比较弱。社会组织羸弱现状的形成具有深刻的社会历史性。协同治理需要社会组织具备的是一系列能够使其自身主体性得以彰显的能力，能够使其与政府形成有效协同的能力，能够有助于公共事务治理和公共利益实现的能力。具体可以概括为主体性思维能力、价值判断与价值行为选择能力、优质公共服务供给能力。首先，主体性思维能力证明了社会组织主体性的存在，主体性思维能力使社会组织能够以独立于外在力量的主体视角去认识世界和改造世界，这是消解其现存依附性的必备能力要求。只有具有主体性思维能力才能使社会组织产生主体意识，具体包括参与意识、责任意识、权利意识、平等意识。拥有主体性思维和主体意识才能激发社会组织的主体行为动机与主体行动活力，使其自觉地参与到公共事务治理的主体实践当中。其次，价值判断与价值行为选择能力是保证社会组织公共性、保证其行为选择符合公共制度和公共伦理要求的必备条件。社会组织的公共性与政府的公共性在存蓄时间和确立方式上有着明显的不同，政府从它产生的那天起便具有天然的公共性，公共性支配着政府的理性、动机与行为，而社会组织的公共性不仅存蓄时间较短，而且只有当社会组织进入公共领域并发挥实际效能，同时获得了政府和广大社会公众的一致认同之后才得以真正确立。社会组织公共性的最终确立须经过一番系统锤炼，较之政府的公共性更容易受到公众质疑。因此，要求社会组织必须在动机方面秉持公共精神和公共理性，在行为方面坚持恰当地运用主体治权并竭力满足社会公众需求。最后，社会组织要具有优质公共服务的实际供给能力。能力是行动的保障，只有提升供给能力，社会组织才能担当社会治理使命，才能与政府实现协作互动。当前我国社会组织在公共服务供给中表现出服务领域窄、服务半径小、服务专业化水平不高等问题，直接原因在于组织数量少、组织规模小、行业分布过于集中，根本原因则在于体制束缚了动力，资源制约了活力。因此，社会组织应抓住当前社会治理现代化建设的历史机遇，借助政府提供的持续性制度支持，在资金、人才、技术等方面进行优化，同时结合自身的自组织机制优势，提升向公众提供优质高效公共服务的主体能力，积极投身社会治理实践，在服务供给过程中以市场的标准来检验并不断完善这一能力。

正是基于对合作的重要性的认识，国内部分学者在翻译和使用协同治理概念时，经常将其表述为"协作治理"或"合作性公共管理"。事实上，合作与竞争本身就是一对共生性矛盾，没有无竞争的合作，也没有无合作的竞争，合作与竞争又共同构成了协同治理主体间利益关系矛盾的一体两面。其中，合作应该成为矛盾的主要方面。无论是市场领域还是公共领域中的诸多实践都证明，只有通过合作才能解决个体和社会发展中的资源性矛盾并为合作者带来更大的竞争优势，才能解决单方面竞争所带来的资源封闭和无序发展问题。

西方的公共选择理论在公共产品与服务优质供给的意义上是鼓

励多元治理主体间竞争的。其逻辑依据在于公平、开放的竞争环境有利于扩大公众的自主选择权，形成公共服务的买方市场，同时打破政府的服务垄断，促进公共产品与服务质量的提升和供给效能的提升。此逻辑的成立有其特定的前提，包括理性的公民、发达成熟的社会组织、健全有序的公共服务市场等等。公共选择理论是布坎南等人基于经济学反政府干预的立场而提出的，其理论内含的"顾客导向""反政府垄断""鼓励政府内部竞争和公共服务市场公平竞争"等主张，不仅迎合 20 世纪 70 年代公众对优质高效公共产品与服务供给的需要，而且迎合了当时处于财政、管理、信任三大危机之中的西方政府改革的需要，并成为新公共管理运动的重要理论来源。

随着新公共管理运动实践弊端的日渐显现，公共选择理论特别是其鼓励竞争的主张部分地受到社会质疑。人们批判新公共管理运动的焦点主要集中在管理主义政府对公共行政公平性的忽视、政府整体性公共责任的碎片化、处于竞争关系中的政府是否应该保有并试图谋取自身利益并以"企业家"自居等等。显然，在公共行政的基本价值取向和公共事务治理多元主体间利益关系定位方面，随后兴起的新公共服务理论、协同治理理论及其实践以其主张的公平、责任与合作，完成了对公共选择理论所主张的效率中心主义的原子化利益存在形式和竞争性利益实现方式的批判、纠正和超越。然而，公共选择理论并非一无是处，其所提出的扩大消费者选择权和选择空间以提升公共服务质量并最终使公众受益的主张，在基本价值取向上和逻辑思路上是具有进步意义的。这种以竞争促进服务并赢得市场的逻辑理念迎合我国公共服务市场化的局部需要，其价值主要体现在政府主导的公共服务竞争性购买过程之中，有利于政府代表公众在众多的公共服务供给主体中进行判断和选择。

我国的公共服务市场化还处于起步阶段，市场化的本质、公众的理性判断与选择能力和社会组织的发育程度共同决定了引入市场竞争机制的必要性、政府代表公众进行选择的合理性，以及政府在公共产品与服务的供给中居于主导地位的必然性。这种主导地位自然不是指代政府垄断公共服务，而是指政府要主导公共服务改革，积极探索诸如政府向社会组织购买公共服务等公共利益实现的更优方式，规范市场主体行为和竞争秩序，同时培育社会公众的理性判断能力和自主选择能力。

综合以上各方面来看，我国在建构政府与社会组织协同治理制度格局时，切忌一味地追求"小政府、大社会"。在西方社会，当经济危机全面降临时，政府也会膨胀。大政府还是小政府仅是从政府规模、职能范畴、权责范围等角度的一种客观形容，并不与公共权力运行的实际效能直接相关。影响政府合法性的关键在于通过有效的制度设计可以使公共利益得到最大化实现，向社会公众提供更优质的服务，政府在这一问题的解决中负有不可推卸的整体性责任。同时，"小政府"不代表能力弱，反而是政府整体性能力较强、社会发展较成熟的一种表现。可以说，在行政发展较充分、行政组织功能完整、公共行政专业化程度和行政人员素质普遍较高、社会力量发育完备且参与度较高的地区，政府更有可能通过自身改革来转变职能、还权于社会，实现"小政府、大社会"的合作治理模式，从而提升治理效能和行政效率，降低公共行政成本。反之，在社会发育不成熟、政府整体协调能力相对较弱的情况下，"小政府"反而会给公共服务和公共利益的实现带来负面的影响。

三、协同治理的价值

协同治理为治理注入了公共性价值、公平性价值和主体性价值。"认同"最集中地体现在价值理念方面的相互认同。价值理念规定着人们行为的基本出发点和恰当行为的评判标准与尺度，即彼此间形成共同的价值观和价值评判标准。在协同治理所确立的价值体系中，以公共利益为基本出发点的公共性价值是最核心的价值。公共性在理念的层面体现为公共精神，细化为权利意识和责任意识。协同治理在权利与义务两重性上对治理主体的行为进行规定与评判。公平也是重要的价值认同内容。公平意味着平等与正义，它在罗尔斯那里被视为一种神圣不可侵犯的"天赋权利"。在社会发展中，效率和公平往往是双刃而生的，它们既存在着矛盾和竞争，又存在着共生和互助，两者无法取舍。过往实践证明，忽视效率去一味追求公平，带来的结果是社会发展的迟滞；忽视公平去一味追求效率，带来的结果更可怕，那就是社会的畸形发展，其标志往往是贫富差距拉大，社会矛盾突出，道德水平下降，行政成本加大。公平问题并不能单靠效率来解决，我们必须在保证社会公平的基础上去追求社会发展的速度，实现社会健康、平稳、有序和高效发展。协同治理对公平性价值的倡导，缝合了不同主体在发展问题上的价值裂缝。多元治理主体可以公平地享有发展机会，履行发展义务，分享治理成果。

此外，"协同"还意味着主体性。主体性是主动性、积极性、创造性和自立性的统称，如果不具备这样的要素，就不能称其具备真正的主体资质。协同治理旨在挖掘社会力量的主体性潜力，丰富其主体性资源，营造其主体性环境，变政府与社会主体之间的"主—客"关系为"主—客—主"关系。从互动性来看，协同治理也是主体性价值在多元主体间相互确证的过程。协作不同于简单的合作，是对合作在质和量上的全面提升。公共性及其统驭下的公平性、主体性使治理联合体形成强大合力，扩大了整体效能。

协同治理为社会治理注入了伦理的元素，构建了信任机制和规范机制，孕育了治理的自为秩序。从奥尔森对集体行动的分析中可以看出，当共同体规模扩大时，便存在利益关系复杂化和出现信任危机的可能。如果把政府与社会主体之间的协同治理看作是一项集体行动，其中就会面对多元主体的不同利益需求。即便各自的利益可以被统一在公共利益之下，也不能排除彼此间对其他主体行为选择的担忧。为防止社会治理成为"公地悲剧"，必须通过机制分析与设计，使多元主体的协作行为具有自觉性和自律性，以此推动协同治理的自为性和秩序性。协同关系中包含着主体间的价值共识，而共识正是信任产生的基础。多元主体间基于价值共识的频繁交往，蕴含着重复博弈的过程，博弈的理想结果是共识的不断扩大，信任的不断累积。信任的社会治理价值是明显的，信任可以简化协同过程和治理程序，增进主体间互动，提高治理的决策效率与执行效率，降低以主体行为选择成本为核心的治理交易成本。信任可以使治理资源从治理活动的实际需要出发，实现最优化配置，而不局限于行政的方式和市场的方式。信任机制的作用机理是在各主体间确立一种义务与期望关系。做出集体理性行为选择的行为主体，在履行应尽义务的同时也期望着其他行为主体依照共识，做出同样的行为选择。被信任的行为主体可以获得更多的发展资源和发展空间，其行动更加便利。但是，仅靠信任并不能保证协同治理的稳定性和持久性，同时还需要规范的保障。规范既是共识的内容，也是失范行为的裁惩方式。规范使社会治理主体认识到守信共赢与失信互损，及时发现并纠正失当行为。规范保护了守信者，同时为失信者准备了严厉的法律制裁和道德审判。在伦理惩戒方面，如果协同治理主体出于个体理性选择不作为、慢作为、乱作为，则会招致集体排斥，丧失发展机会。

协同治理为社会治理现代化的实现提供了重要的理念支撑和实施路径。理念作为思维活动的结果和思想的抽象概括，并不是凭空产生的。人们正是基于对社会治理领域内行为主体相互关系的碎片化及整体生存状态的忧思，才最终选择了协同的理念、结构与方式，去应对在特定社会历史阶段所遇到的社会治理与发展困境。这种协同的理念、结构与方式体现为：一是以整体协同、"一极多元"、公平法治的理念治理社会公共事务。中国共产党的领导是基础，政府总体负责，经济与社会组织协同，公民广泛参与。多元主体在公共精神的指引下，充分发挥主体性参与公共事务治理。二是以集体行动的力量助推叠加性共识来创造共生共荣的协同化组织形式，形成社会多主体的合作关系，通过资源共享，彼此合作的网络体系实现对社会公共事务的有效治理，打破传统的单一管理结构，实现社会治理现代化。三是将制度与伦理要素相结合，制度是根本，伦理是规范。社会治理制度的建构是依托在法律的基础之上，通过完备的政府与社会组织合作关系的法律架构，形成稳定化、规则化的协同治理机制，从而规范社会治理行为。总之，社会治理现代化是一项系统工程，更是一项长期而艰巨的任务，需要全社会为之做出共同努力。

第三节　协同治理的"协同"困境

"治理"作为一种分析和解决公共问题的理念与方法，自 20 世纪末传入我国以来，已成功植入公共管理的制度设计和管理实践领域，有力地推动了我国的公共管理制度建设与实践发展，但在以政府和社会组织为主体的社会公共事务治理系统自我运行中，也暴露出一些诸如治理主体间权责关系不明确、社会组织的治理能力不足且行动迟缓、治理联合行动缺乏有效协调等实际问题，从而影响了治理系统的运行效能和公共事务治理的实践效能，增加了治理成本。这些问题可以概括为社会治理集体行动中的协同性不足问题。

党的十九大在"打造共建共治共享的社会治理格局"问题上突出强调了"加强社会治理制度建设，完善党委领导、政府负责、社会协同、公众参与、法治保障的社会治理体制"的重要性，并不止一次地提及协同发展问题和社会组织在环境治理等公共事务治理领域中的重要性。从"社会治理格局"与"社会治理体制"的语用逻辑关系可以看出，打造共建共治共享的社会治理格局，关键是要解决好多元治理主体间的职责权利关系问题、各自的角色任务与分工协作问题，以及与治理相关的制度供给与秩序建构问题。因此，建立协同合作关系、构建协同行动秩序、发挥整体协同效能已经成为解决我国治理现代化问题的当务之急。因此，必须调动反思的理性，厘清在协同治理一些基本问题上的认识误区，认清我国协同治理制度架构中政府与社会组织所应具备的现实能力，并通过现代社会资本的累积将主体意识与主体能力有机结合起来，促进协同治理的制度设计发挥更大的效能。

社会治理主体间的协同困境主要来源于主体行为选择的不确定性和交往环境的不确定性。管理中的不确定性包含了人和环境两个方面，其中人的不确定性是矛盾的主要方面，并直接导致了管理整体环境的不确定性。我们所说的不确定性与风险性不同，当我们可以凭借一些依据分析行为结果成功与失败的比率时，此种行为是有风险的；而当我们对未来结果无从判断时，我们就处于不确定性的困扰之中。不确定性问题近些年来受到学界的普遍关注。在管理学当中，泰罗借鉴斯密的经济人假说创立了科学管理原理，并试图以制度驾驭人，追求管理的确定性。随后，行为科学又把人的社会性一面融入管理对人性的分析当中，人性开始变得复杂。复杂的人性意味着复杂的行为动机，管理变得充满了不确定性。不确定性对于协同行为具有一定的威胁，在不确定的情况下，任何治理主体都很难判定协作的对象、协作的方式和协作的结果，以及出于增进公共利益动机的协作行为本身是否优于不协作。当人们无法判断合作收益是否会最大化，合作收益的分配是否具有合理性时，合作行为很难发生。交往环境的不确定性与治理主体的行为选择直接相关，并可能呈现改善或恶化的不同趋势。

治理主体的行为选择背后潜藏着驱动行为发生的内在动机。"动机是引起人的行为并将人的行为导向一定目标的内在动力，也是主体在需求尚未得到充分满足时的一种心理作用"。① 治理主体的最终行为选择是其内心博弈的结果。这种心理博弈围绕个体理性与集体理性、私益与公益、利己性与利他性而展开。理性选择主义所信奉的"经济人"假说，很好地解释了这种内心博弈过程的生成机理。经济人本质上的逐利动机，使治理中的行为主体基于个体理性优先而选择更有利于自我利益实现的行为方式，包括有意隐瞒信息，造成信息非对称情况的出现，或者是有意不兑现承诺而选择"搭便车"，甚至采取"机会主义"行为，不惜牺牲合作者利益和整体利益来满足一己私利。多种潜在的行为选择，使交往环境因夹杂过多的可变因素而充满不确定性，交往环境逐步恶化，集体行动的生成面临着相当大的阻力。

协同困境的产生是由于社会治理主体对其他治理行动合作者缺乏足够的信心，担心当潜在的个体理性行为选择变为现实时，自身利益会受到损害。在缺乏充分了解、充分信任的情况下，协同关系和协同状态是很难建立和实现的。在个体行为选择造成合作困境方面有三个经典的案例，分别是哈丁的"公地悲剧"、兰德公司的

---

① 张继亮. 走出集体行动困境的社会资本逻辑理路探析［J］. 学术交流. 2014（6）：47.

"囚徒困境"和奥尔森的"集体行动困境"。这三个案例共同说明了这样一些问题：个体行为选择对集合行为具有重要意义；个体理性寓于集体理性之中，信守承诺对合作关系中的所有人都有好处；信息公开和主体间信任影响着主体行为选择和集体行动的生成。这些"悲剧""困境"的出现，大多由于信息的非对称、信任的普遍缺失、合作环境的复杂化等原因，行为主体不能确定其他人也会遵循集体理性选择守诺行为，因此越是公共的利益越是经常被人忽视，越庞大的联合体越难于形成合作的局面。

　　私人部门在与公共部门合作过程中，面临着因"双重代理"身份而引发的行为选择困境。在实践中，一方面公共部门往往对私人部门的逐利动机与行为选择表现出极大的忧虑，同时私人部门也担心公共部门是否会兑现当初的承诺，这决定了自己的公益行为选择，能否带来更多的发展资源和发展空间。这种双向担忧本身意味着公、私部门间缺乏信任，守诺行为是不确定的，要么合作双方在许多问题上难以达成共识，要么这种共识的达成也要付出高额的谈判成本。事实上，私人部门在与公共部门合作供给公共产品与服务的过程中，"双重代理"身份的确使私人部门处于一种行为选择困境。在罗伯特等人关于"双重代理"问题的阐释中，经常以二手房交易为例。居间商受潜在利益驱使而有意无意地扮演了"双重代理"的角色，他在代表卖方利益帮其售房的同时，很可能成为买家的利益代表帮其买房，买卖双方的信息是不对称的，只有居间商可以了解所有的信息，并向买卖双方各隐瞒了其中一部分，并从中获利。被隐瞒的信息在交易进行过程中会逐渐浮出水面，居间商的"双重代理"身份被充分暴露在买卖双方面前，买方和卖方都不再相信居间商，其结果只能是三方的利益均受损。在公、私部门协同治理过程中，私人部门因与公共部门合作而间接地成为公共物品买方的代表，但私人部门同时又是公共物品的提供者，即卖方。这就难以保证私人部门不从自身利益出发去选择行为，私人部门很可能招致政府公共部门和公共物品消费者的双重不信任。诸如此类的行为选择担忧，增添了治理环境的不确定性和协同行为发生的难度。

第四节　信任的协同价值与存续逻辑

治理主体间本应有的协同，遭遇来自治理环境不确定性的困扰，协同治理要么消失，要么在狭小的范围内发生。治理主体因对治理环境不确定性的恐惧，不会轻易地表明合作的意愿，转而选择不合作、保守地合作，或与自认为更安全、可靠的对象合作。治理主体间的信任成为治理主体间有效协同必不可少的重要条件。

一、信任的协同价值

20 世纪 70 年代，在西方社会学界兴起了研究信任问题的理论热潮。尼克拉斯·卢曼（Niklas Luhmann）在《信任》一书中，把信任看作是一种行为简化的机制，并把信任划分为人际信任和制度信任。人际信任是一种基于情感的信任，制度信任是一种基于惩罚的信任。凯伦·弗莱赫蒂（Karen Flaherty）和詹姆斯·帕帕斯（James

Papas）在《销售员与销售经理之间信任的角色》一文中，提出了"领导与下属交易互动理论"。他的理论认为，缺少信任与沟通将给组织带来内耗。销售经理必须以身作则，始终如一地履行对下属的承诺，从而赢得下属的信任。销售雇员也必须如约地履行自己对上级和组织的承诺，不辜负组织的信任。此外，对于信任问题，拉吕·霍斯默（LaRue Hosmer）、萨利·毕培（Sally Bibb）、杰里米·克迪（Jeremy Dick）、凯伦·库克（Karen Cook）等人也做过专门的研究。

　　信任可以规范治理主体的选择行为。信任的主体行为规范功能一方面来自信任的生产性，一方面来自信任的伦理约束性。信任的生产性使其对包括政府组织在内的所有治理主体均具有极强的吸引力。信任的生产性从资源角度可以理解为信任具有资源动员与整合功能，行为主体因为拥有信任这种特殊的资源，而使其获得数量更多、形式更加多样的外部资源支持，行为主体的行为能力得到提升。拥有更多信任资源的行为主体可以获得更广阔的发展空间。当代政府特别重视公信力建设，公信力成为政府合法性的重要来源，也是政府政策执行、引导公众参与等政府行为的重要社会基础。社会组织和经济组织也同样重视自身的公众形象，努力将自己打造为勇于承担社会责任、值得公众信任的社会成员。同时，信任是一个属于伦理关系范畴的概念，信任伦理以诚信道德为构建基础，在信任关系网络内，普遍确立的诚信理念与信任关系为失信者准备了严厉的道德惩罚。这种惩罚的结果或者使违诺者的行为能力受到限制，或者将永远剥夺其参与公共事务治理的权利。因此，任何治理主体都不愿意被打上不可信任的印记，而自觉选择信守承诺的行为。

　　信任可以改善治理主体间的交往环境，增强行为主体对交往环境的确定性认知。人的交往行为起源于人的有限理性，有限理性使人认识外部世界的能力受到局限，人们期望通过交往行为来扩展自身的认知与行为能力。"正是因为单个个人的知识、预见力、技术以及时间都是有限的，所以组织对实现个人的目的来说才是有用的投资。"① 但是，交往中经常伴有不确定性，并且这种不确定性具有普遍性和客观性。正如施瓦茨所言"这个世界总是充满了不确定性。如果说以前的不确定性程度比较低的话，那也只是表面现象。事实上，世界总是存在各种各样的不确定性。以前是这样，现在是这样，以后也会这样"②。现代管理学在不确定性认识上以德鲁克为代表的一派认为，不确定性是组织创新的源泉，管理者必须以积极的态度来应对管理明天的不确定性。交往环境的不确定性认知反映了治理主体对机会主义与道德风险行为的担忧。在缺少信任的情形下，人们并不确信他人不会选择机会主义行为而损害自身利益，与他人交往必定有所防范。这种戒心的存在，使得治理主体间的交往与合作很难深入。信任关系的建立，在一定程度上可以打消行为主体的这种顾虑，在合作双方间确立一种义务与期望的关系。主体一方在自我履行合作义务的同时，相信合作方也会履行相应的义务。治理环境在信任的作用下得到改善，其不确定性逐渐消减。在相对确定的

---

① 奥利弗.E.威廉姆森.治理机制［M］.王健，方世建，译.北京：中国社会科学出版社，2001：47.

② 克雷纳，迪拉伍.商业万象：与世界顶级管理大师的对话［M］.江卉，维益，译.北京：当代中国出版社，2005：55.

交往环境中，缔约双方基于彼此的信任，不必过于担心对方会利用契约的非完整性、信息的非对称性和交往环境的时空变化而谋取额外的私利并损害自身的利益。

信任可以节约协同治理中的交易成本。交易成本也称为交易费用，这个概念来源于科斯所创立的新制度经济学。1937年，科斯在他发表的《企业的性质》一文中提出了"交易成本"概念，解释了在市场交易难以促成高效配置资源的情况下，企业组织存在的价值及企业的规模问题。他把交易成本看作"获得准确的市场信息所需要付出的费用，以及谈判和经常性契约的费用"[①]。协同治理中的交易成本是治理中因主体行为选择而发生的交往成本。交往成本可大可小，合作双方的信息对称性程度越高，治理主体的行为自觉性越强，合作双方的信任关系越稳固，治理交易成本越低。威廉姆森把交易成本分为两部分："一是事先的交易成本，即为签订契约、规定交易双方的权利、责任等所花费的费用；二是事后的交易成本，在签订契约后，为解决契约本身所存在的问题、从改变条款到退出契约所花费的费用。"[②] 高额的治理交易成本也成为治理主体间难于协同的一个重要原因。由于信任关系的存在，合作双方不再花费大量的人力、物力、财力和时间去获取对方的相关信息，或者与其进行讨价还价，议定烦琐的合作细节。当先前所议定的合作协议受到来自外部环境的威胁而可能损害其中任何一方利益时，他们也相信对方会与自己一道抵御风险，而不是诉诸法律程序。

---

① 卢现祥. 西方新制度经济学 [M]. 北京：中国发展出版社, 1996：7.
② 卢现祥. 西方新制度经济学 [M]. 北京：中国发展出版社, 1996：7.

信任可以增强协同治理的内部驱动力。"管理不是一种与外界隔绝的活动，因为管理人员是在特定的文化价值准则和体制内管理组织和作出决定的……文化可能是可供研究的最广泛的一种概念，而对管理的研究所涉及的则仅限于对管理一个组织的工作能产生影响的那些比较具体的经济、社会和政治思想。"① 信任在治理联合体内部形成一种信任文化。"在广泛的公共领域和隐蔽的私人空间的存续中，主体间的信任及其'自然'生成的规则体系成为社会交往的文化支撑力量。"② 信任具有可传递性，信任在治理主体间所逐渐确立的诚信价值判断，成为治理主体间合作的可靠依据。

"现在，组织不再建立在强力基础之上，而是建立在信任基础之上。信任的存在并不一定意味着他们之间彼此喜欢，而更可能的情况是他们彼此理解。因此，在他们看来，为信任关系而担负起责任是完全必要的。它是一种责任。无论作为组织的一员，还是一名顾问，一个供应商或一个经销商，他都对他的同事、同伴、合伙人、合作者负有责任。在这样的组织中，人们对待别人的事就像是自己的事一样认真。"③

由此看来，信任文化植根于行为主体意识形态当中，成为行为的内驱力。治理联合体制度结构中的强制力量可以迫使其成员服从

① 雷恩. 管理思想的演变 [M]. 李柱流，等译. 北京：中国社会科学出版社，1997：4.
② 教军章. 政府社会管理制度化建设及其限度——社会稳定发展的视角 [J]. 苏州大学学报（哲学社会科学版）. 2014（5）：60.
③ DRUCKER. P. F. Managing Oneself. Harvard Business Review77, no, 2（March – April）1999：72.

集体的决定，但服从这种非自觉的行为无法实现协同，协同更需要行为的自觉，自觉的联合比强迫的联合能产生更大的合力。没有人愿意在受人驱使、遭人怀疑的环境里生存。信任使其成员得到行为激励，各尽所能地贡献全部能量。在成员间普遍存在的信任可以使每个成员都专心履责以不辜负别人对自己的信任。在充满信任的治理联合体中，不同角色的成员都可以持久地奉献自己的智慧与能力，愿意为实现共同承诺付出最大的努力。这说明，信任本身可以促进成员间的沟通与相互理解。在充满信任的环境中，组织成员的能力可能超常发挥。在相互信任的团队中，成员心态较为开放，彼此交流更加顺畅，容易形成合作，集体行动的效能普遍提高。

协同治理是一个持续的过程，持续的协同要求治理主体共同维系持久的信任。因此，必须厘清信任的存续逻辑，以期发挥它的协同价值。

二、协同治理主体间信任的存续逻辑

信任并不都是与生俱来的，信任关系也不是一成不变的。深度信任需要一个漫长的积累过程，信任的消逝极可能因为一次错误的行为选择而成为转瞬间的事情。在信任的分类问题上，主要有两种划分方式，其一是将信任划分为血缘信任、地缘信任和业缘信任；其二是将信任划分为情感信任和制度信任。无论哪种分类方式，都说明了信任产生于交往，信任的基础是主体间的共识。血缘信任的程度并不必然强于地缘信任和业缘信任，正如俗语所讲："远亲不如近邻"，意在强调交往对于信任积累的重要性。制度信任也不必然比情感信任更稳定，关键在于共识基础是否牢靠。

普遍信任来自普遍交往。在马克思和哈贝马斯的经典著作中都谈及交往的重要性。马克思把不同主体间的普遍联系和交互往来看作社会人的生成方式。行为主体之间存在着普遍的物质和精神交往。人的交往满足了社会发展和人之自我发展的根本需要。交往成为人类文明进步的重要媒介。社会交往中的人走出了自我的封闭，获得了发展的联合力量。正如前文所述交往信任的三种类型，人的社会交往有三种基本方式，血缘交往、地缘交往和业缘交往。从社会发展进程来看，血缘交往的历史最为悠久；地缘交往来自人类自然迁徙，人们更多地与居住地周边的人交往；业缘交往则与社会生产的发展相联系，在生产力发展程度不同的国家与地域，此种交往的发达程度也有所不同。因此，交往本身也具有社会历史性。与中国由血缘、地缘交往生发的信任不同，西方的信任更多的来自业缘交往。业缘交往在时空范围上远大于其他两种交往方式。因此，西方社会的交往更具普遍性，普遍的交往易于生成普遍的信任。韦伯和福山都曾指出中国社会这种建立在血缘和地缘交往基础上的信任的局限性。中国社会的信任正如费孝通先生所言，呈"差序格局"排列。"乡土情深""故土难离"很精准地描述了中国社会基于血缘、地缘交往而积淀的局部性信任，而非普遍性信任。人们对熟人范围以外的人都具有明显的戒备心和排斥性。虽然中国缺少普遍的交往，但中国却有着几千年的道德教化传统。在中国传统文化中，倡导"仁、义、礼、智、信"的基本行为准则。孔子曰："与朋友交不信乎?"，诸葛亮的"识人七法"中也谈道："期之以事而观其信"。这种道德诚信的修炼为普遍信任的生成奠定了良好的伦理基础。个体道德中的诚信、守信是"信"的基本含义，是信任产生的前提，没有这种道德自律就不能赢得他人的信任，也就不会产生信任伦理。信任是主体间的相互过程，自己做不到诚实守信，就不要去强求别人对你信守承诺，也就不要期望他人对你会采取信任的态度。只有你讲信用，别人才能信任你，也有理由去要求别人。正所谓，"己所不欲，勿施于人"，信任是自律、他律与律他之间的对立统一。也就是说，只要交往的局限性能够冲破，中国社会比西方社会更容易建立起普遍的信任。

交往的信任积累价值，在于主体交往中所蕴含的博弈过程。博弈并不等同于竞争，博弈是主体间竞争与合作的交互决策过程。博弈过程的重要价值在于向我们揭示了在充满竞争的当今社会，人们比任何时间、任何地点都更需要合作，而持久的合作是需要信任来维系的。交往过程中的博弈，依交往频次可分为单次博弈和重复博弈。初次合作的双方并没有交往经历，彼此间或者没有信任可言，或者只有来自社会口碑的初级信任。随着交往频次的增加，双方都在依据对方的行为选择品鉴着对方的可信程度。多次博弈的正向收获就是不断累积的信任。不可信任的交往结论很可能在单次博弈后随即得出，合作关系也同时终止。在社会关系网络日益错综复杂的当下，被打上不可信任标签是件极其可怕的事情，因为没有人愿意与不可信任的人打交道。"奥曼也发现一些长期的社会交互作用可以利用正式的非合作博弈理论来进行深入分析，指出：长期合作关系的维系远比一次简单的际遇来得容易。因此，短期博弈理论往往具有很多限制性。这就是说一次性或短期博弈有可能导致合作困境，只有在重复博弈的环境下才能够实现合作。"①

　　信任的基础是共识。从信任的历时性来看，信任的累积过程也是交往中的主体不断扩大共识的过程。不同利益主体之所以相互信任并保持持久的合作关系，正是因为他们在持久合作可以维系持久利益这个问题上取得了广泛的共识。其中，持久利益既包括公共利益，也包括主体的个体利益。主体间的共识具体化为合作收益的最大化和合作收益分配的合理化。公共事务治理活动中，主体间的基本共识是公共利益及其实现方式。无论是不同层次政府间的纵向合作，还是同一层次不同政府部门间的横向合作，以及政府与社会间的跨界合作，都围绕公共利益展开，其他合作收益都是公共利益的副产品。但是，其他收益并非不重要，毕竟行动补偿是包括政府组织在内的一切组织存在与发展的基础。因此，治理主体间的共识信任要想持久维系，必须兼顾集体理性和个体理性，弘扬主体性。具体来讲，就是在利益整合过程中不断扩大共识，积累主体间信任。在实践中，一方面，确立集体理性的优先性，政府组织、经济组织和社会组织等协同力量要自觉服从服务于公共利益，把治理活动当作一项集体事业，在协同治理实践中不断扩大关于公共利益更优实现形式的主体间共识；另一方面，不能以共性抹杀个性，协同主体间应相互尊重各自的主体地位和个体需要，中央兼顾地方，政府兼顾社会。跨界合作中的政府，要善于综合运用行政手段、法律手段

---

① 王桢桢. 公私合作困境的理论解析及其评价 [J]. 广州大学学报（社会科学版），2010（2）：25.

和经济手段，通过必要的政策宣传，使协同主体感受到治理使命的神圣性和协同合作所产生的巨大力量。在获得保障、尊重和发展的前提下，政府社会间的共识不断扩大，信任不断累积，社会力量的主体性也必然增强。

信任受到制度与伦理的双重规约。在这里，非正式的制度即为伦理。制度主义认为制度可以保证治理主体选择可被信任的行为。按照这样的逻辑，如果出现协同过程中的"搭便车""机会主义"等失信行为，也是制度不完备的结果。制度的精心设计成为保证信任持久性的关键因素。

"法律准则的创立是西方文明最值得骄傲的成就之一。然而，正规的法律和强有力的政治和经济机构与制度尽管十分重要，但它们自身却不足以保证现代社会获得成功。自由民主政体始终要依赖某种共享的文化价值观念才能起到恰当的作用。"①

事实证明，单纯的外部结构性约束方式并不能完全，并且从根本上解除信任危机，而是需要从个体道德与社会伦理等多重维度去规制不诚信的行为。新制度主义的超越性体现在对人性的多重解读，并把伦理的维度引入对制度功能的分析当中。新制度主义强调制度的内化，伦理成为制度的必要补充。制度分析的一个假设在于，成文制度是大家普遍认可的，并对所有行动者起支配作用。任何一个行动者要想实现目标，都必须遵循制度。但制度作为社会意识形态

---

① 福山. 大分裂：人类本性与社会秩序的重建［M］. 刘榜离，等译. 北京：中国社会科学出版社，2002：12.

的一部分，是社会存在的反映，却经常出现与社会存在不相吻合的情况，这是制度固有的缺陷。协同治理实践作为社会存在是不断发展的，规制主体行为的制度设计反映的是此在的社会存在，对于社会存在的新变化，社会意识需要一个反应周期，具有后发性。信任是一种关于行为约束的伦理力量，内化于治理主体群体当中。伦理激发的是人的自觉意识与自觉行为。相对于制度而言，伦理对治理环境变化的反应速度要比制度快得多。在信任关系网络内部，任何违背伦理规范的失信行为会立即引起其他成员的高度紧张与关注，并且关于此类负面消息的传递速度是惊人的。违诺者会立即招致群体的道德谴责，甚至是行动排斥。伦理的惩罚力度也远超过制度。

　　综上所述，协同治理的关键在于多元主体间实现真正的协同。信任作为一种文化、一种机制、一种伦理约束力量具有重要的协同价值。信任规范着主体的行为，削减了主体交往环境的不确定性和治理交易成本，增强了主体的协同信心和治理集体的内驱力。信任既是协同治理这项集体行动的重要推动力量，又在治理主体的交往实践中得以生成和累积。治理作为人类公共管理领域的全新实践，在信任逻辑的助推下，将全面走出协同的困境。

第七章　社会资本与社会治理效能

　　社会治理是政府、社会组织、公民等多元主体共同参与的集体行动。社会治理效能则是多元主体共同参与的社会治理行动在效率、效益、效果方面的综合反映。社会资本凭借其信任、规范、网络三大结构，对于社会治理效能的提升起到塑造协同关系、促进资源整合、塑造行动秩序等多重作用。在社会治理现代化这一时代主题下，研究社会治理效能提升中的社会资本作用问题具有重要意义。

第一节　社会治理效能的评价依据

　　效果、效率与效益是评价社会治理效能的三个不同尺度，分别对应社会治理目标实现程度、社会治理任务完成进度、社会治理资源利用水平三个维度，三者紧密结合为社会治理效能提供了较为全面的评价依据。

一、效果尺度：社会治理目标的实现程度

效果与动机相对，指个体或集体在动机驱使下产生行为的客观结果，在社会治理场域中侧重指社会治理目标的实现程度。德鲁克认为"每个组织都是执行一种社会任务的社会器官"①，任何组织、制度或者机制的存在都是为了实现一定的目标。如果在行动之前无法确定目标与相应的绩效衡量标准，各种社会治理资源就会被分隔、闲置、浪费，也就无法进行有效的治理。

动机是评价行为效果的基础。通过设立主体关系协调、资源有效利用等切实可行的社会治理目标，调动全体成员的参与积极性，从而为集体行动提供有效的动力支持，是评价目标科学有效与否的重要标准。社会治理效能的提升首先需要树立明确的目标，正如党的十九大报告提出的"社会协同、公众参与"的社会治理主体系统建设目标。这样一个规模宏大、主体广泛的社会治理体系，通过设立主体协调的权责范围，将政府定位为宏观层面的政策制定、利益协调，将社会组织定位为微观层面具体社会事务的组织开展者，将公众定位为社会治理实践的参与者，明确了各方职责，设立了良好的动机，调动了多主体行动积极性。

社会治理是涉及多主体利益的集体行动，社会组织与民众的广泛参与是重要评价依据。古希腊思想家亚里士多德（Aristotle）在《政治学》一书中便强调了公民参与公共事务活动的重要性，他认为

---

① 彼得·德鲁克. 社会的管理 [M]. 徐大建，译. 上海：上海财经大学出版社，2003：80.

通过参与城邦公共事务活动，人不仅实现了自己的本性要求，也推动了城邦的发展。公众在参与社会治理过程中不断提升自身参与公共活动的素养，从而形成了不断发展的良性循环。除社会公众外，社会组织以其专业性、多样性、公益性，成为提升社会治理效能必不可少的力量。并非自上而下的单向线性力量推进轨迹，而是民间社会组织网络的多维发展最终成为推动社会进步的重要力量。英国学者格里·斯托克（Gerry stoker）同样认为"实行治理，则参考者最终便形成自主自治的网络……治理网络不但涉及给政府的政策提供资金，而且还把政府的行政管理任务接收了过来"①。美国冲突论的代表科瑟尔（Lewis Coser）的"社会安全阀"理论认为，随着社会异质化特征日趋明显，社会利益诉求也日趋多元化，各种社会紧张情绪得以滋生。而社会组织的存在能够有效化解此种紧张情绪，社会组织因其贴近公众的优势，能够在矛盾发生前反映民众诉求，在矛盾发生时安抚公众情绪，在矛盾发生后协调各方利益，发挥稀释和化解社会矛盾的效能。

可见，公众的参与和社会组织价值的发挥是提升社会治理效能必不可少的条件，一个良性循环的社会治理体系必须能够保障与满足公众参与社会治理条件，同时也能为社会组织提供充分合法的权利去参与到社会治理的实践中去。

---

① 格里·斯托克. 作为理论的治理：五个论点 [J]. 华夏风，译. 国际社会科学杂志，1999，（1）：25.

二、效率尺度：社会治理任务的完成进度

效果强调预设目标的实现，效率则强调整体机制的有效协调。同样的社会治理任务交由不同的社会主体可能会有不同的解决方案，种种方案之间可能会在便利性、成本、受众评价等方面存在不同。通过有效的筛选机制选出那些同类方案中的最优解决方案，或是针对缺陷问题进行改进，是提升效率的核心要义。效率尺度作为评价社会治理效能的重要依据，应从以下两方面来理解：

一方面，提升效率是解决社会公平问题的重要手段。德鲁克认为："一种平等是基于更大效率的平等，另一种平等是基于'平衡性补偿'的平等，这种'平衡性补偿'会导致非常不同的政策，导致两个群体之间的势不两立。"① 公平的分配政策固然重要，但从本质上来看，社会公平的实现必然离不开生产力的不断提升，只有不断将物质基础的蛋糕做大，整个社会可用以再分配的社会治理资源才会越多。社会治理同样应以促进社会生产效率的提升为主要着力点，高效的社会治理模式应该能够有效提升社会治理资源的利用水平、降低社会治理的成本、激发社会治理主体的参与意识，这样才能激发多主体活力，促成社会治理资源的充分利用，从而有助于社会生产力的不断进步。

另一方面，社会治理运行机制自身也应注重效率。任何社会治理机制都是为了完成一定的社会治理任务，高效的社会治理应该能

---

① 彼得·德鲁克. 社会的管理［M］. 徐大建，译. 上海：上海财经大学出版社，2003：222.

够科学协调不同社会治理主体之间的关系，从而促成管理自为秩序的实现。合作是高效完成社会治理任务必不可少的条件，现代社会是一个分工明确、领域繁多的复杂系统，任何一个主体都无法独自完成社会治理的重任，只有通过科学合理的机制，将不同的社会治理主体统筹起来，才能提高整体的协作效率，加速社会治理任务的完成进度。约翰·冯·诺依曼（John von Neuman）认为："人类是否能长期生存下去，取决于我们是否能提出更好的办法，以促进比现在已存在的合作更多的合作。"① 判定社会治理的效率尺度便在于其能否有效通过合作的方式来加速社会治理任务的完成进度。

三、效益尺度：社会治理资源的利用水平

社会治理的效率尺度属于生产力的范畴，而效益尺度则更强调资源分配的公平与否，属于生产关系的范畴。如果因为体制机制的僵化造成社会治理资源的低效利用甚至闲置，那么社会治理效能将会停留在较低的水平。在面对同一社会治理资源时，不同治理主体大致可以采取两种策略：一种是充分竞争，一种是消极退让。在市场原则下，大多数资源会得到合理利用，但在社会治理场域则不同，由于收益与成本的不均衡，将会导致社会治理主体在稀缺资源领域竞争趋于白热化，但在面对收益较低的同质资源时却纷纷采取消极避让的策略，这就导致了资源的闲置与浪费。假若机制运行合理，则能够使不同主体采取规范的竞争策略，避免热门领域过度竞争造

---

① 威廉姆·庞德斯通. 囚徒的困境：冯·诺伊曼、博弈论，和原子弹之迷 [M].
　　吴鹤龄，译. 北京：北京理工大学出版社，2005：323.

成的资源浪费与冷门领域的消极避让造成的资源闲置，社会治理资源的利用水平便能得到有效提升。评价社会治理效能的高低在于其能否带来切实的经济效益，资源投入与产出比是重要衡量标准，社会治理效能讲求政府放权给多元社会主体，通过明确各个社会主体的权责范围，减轻政府自身在社会治理过程中面临的压力，从而降低社会治理中资源投入的成本。

总体而言，社会治理效能指的是对社会治理目标实现的程度或者结果的绩效评估，"好的治理"不等于"有效"的治理，如果"好的治理"是以消耗大量社会资源为代价，那么这种治理也是无效的，是无法复制推广的。而只有在花费较少的治理成本就能收获较好治理结果的情况下，我们才可以说社会治理取得了较好的效能。从效果、效率、效益三个尺度来评价社会治理效能，有助于丰富国内关于社会治理效能评价方法的研究，从而为我国的社会治理工作提供相应的理论指导。

第二节　社会治理效能的影响因素

社会治理效能的影响因素有很多。从社会治理的多元化主体结构来看，能否有效整合社会治理资源、能否有效协同社会治理主体间关系、能否有效规范社会治理过程是社会治理效能最为重要的影响因素。

一、社会治理资源能否有效整合

能否激活社会闲置资源是因素之一。由于治理体系的不健全，很多社会资源未被有效利用，成为闲置的资源，这些资源的获取本身花费了大量的成本，却无法参与到治理效能释放的过程中，是推高社会治理成本的重要因素。能否削减同质资源是因素之二。同质资源不仅无法有效提升社会治理效能，还极大地浪费了人力物力。只有通过合理的运行机制削减同质资源，才能尽可能提升社会治理效能。能否削减不确定性成本是因素之三。由于社会治理主体间的互不信任、相互猜疑，社会治理政策制定、实施等过程的缓慢，延误了治理时机，形成了巨大的时间成本，浪费了大量资源，这便是社会治理的不确定性成本。

能够通过合理的运行机制将尽可能多的私有资源转化为具有公共性质的社会治理资源，又不打乱正常的经济社会运转秩序，是高效社会治理效能的重要标志。如慈善捐赠机制，企业或个人为了获取更多的声誉，往往会向慈善机构无偿捐赠资金或物品，而慈善机构则会主动向社会公开捐赠方的信息，以使捐赠方获得公众的认可，捐赠的资源则通过再次分配流入了受众群体。这样一种良性运转的机制既帮助了受众群体，又满足了捐赠方的利益诉求，还使慈善机构得以有效发挥作用，将原本属于私人的资源转化为可以进行二次分配的公共资源，取得了一种多赢的局面。通过这种机制，将原本散布于各方的资源汇聚到一起，用以解决具有较大影响的社会问题，提升社会各方的满意度。当然，这样一种常态化机制不只是用以应对自然灾害、战争等突发性重大社会危机，在日常社会生活中依然以多种形式存在，比如企业用以帮助失学儿童建立的慈善基金，通过捐赠物资——获得声誉——稳固市场地位的良性运行机制促进社会治理资源的有效整合。因此，能否通过有效的运行机制将更多的私有资源转化为社会治理资源便成为能否提升社会治理效能的重要影响因素。

二、社会治理主体间能否有效协同

社会治理主体间的有效协同是提升社会治理效能的重要因素。只有当社会治理主体内部成员能够建构有效沟通、民主商议、科学决策的制度时，该主体才能够有效运转。帕特南认为公民间的有效协同是构建高效制度的重要基础，他在《使民主运转起来》一书中提出"公民的结社加强了对稳定、有效的民主制度而言极为关键的'心理习惯'"①。此处的"心理习惯"即公民参与公共活动的热情、传统、习俗，当一个地区的公民对涉及自身的公共事务抱有极大的参与热情时，他们便会主动致力于解决公共问题，而不是等待搭集体的便车。公民通过结社形成各种社会组织，此类组织或出于娱乐目的，或出于现实利益诉求，公民在此类组织中锻炼了参与意识、参与能力，激发了参与热情，并最终形成了参与公共事务的"心理习惯"。这种参与公共事务的"心理习惯"对于调动公民参与热情、整合公民力量、协调公民利益分配，进而提升社会治理效能具有重

---

① 帕特南. 使民主运转起来 [M]. 王列，赖海榕，译. 南昌：江西人民出版社，2001：12.

要作用。

首先，只有在相互了解的基础上，主体间才会具备协同合作的基础。正如杰拉尔德·威尔金逊（Gerald Wilkinson）的蝙蝠实验证明：

"曾经被别的蝙蝠喂食过的蝙蝠随后更愿意献血，献血意愿的强弱程度主要取决于蝙蝠之间互相了解的程度，互相熟悉的蝙蝠之间更愿意合作以期在将来更好地交往。"①

这里的蝙蝠指的是美洲吸血蝙蝠，这种蝙蝠能够在吸血后将多余血液分享给尚未进食的同类，这样一种利他主义的生存机制有效保障了该物种的生存延续，也证明了主体间的相互了解是促进合作产生的重要基础。对于任何一个物种来说，通过分享机制与其他主体产生联系并建立有效的沟通渠道，是增进彼此间的了解，从而促进合作产生的重要因素。对于社会治理同样如此，社会治理主体间的有效协同需要主体间具备足够的了解，只有当不同主体能够通过有效的沟通渠道成为熟悉的伙伴，彼此才会展开合作。

其次，合作关系的达成是社会治理主体间有效协同的重要基础。合作关系意味着主体间具备基本的信任观念，波斯纳认为"一旦两个合作者互相搭档，他们就形成了一种关系，他们在此关系中生产并分配合作盈余（cooperation surplus）。"② 社会治理主体一旦选择进行合作，那么彼此间事实上就形成了一种互惠互利的合作关系，在

---

① 威廉姆·庞德斯通. 囚徒的困境：冯·诺伊曼、博弈论，和原子弹之迷［M］. 吴鹤龄，译. 北京：北京理工大学出版社，2005：292.

② 波斯纳. 法律与社会规范［M］. 沈明，译. 北京：中国政法大学出版社，2004：78.

此关系内主体会选择彼此信任的态度进行行为选择。这种信任的态度会使各主体获得合同机制无法获得的合作盈余，比如合同机制往往以义务的履行为先并尽可能地限制权力的行使，这种机制虽然可以尽可能地规避风险，但无形中制造了大量的额外成本，不利于合作效率的提升。

最后，社会治理主体间的有效协同还需要具备有力的惩戒机制的保障。任何合作关系中都难以避免违约行为的出现，通过增加社会主体的违约成本，使社会治理主体在强有力的惩戒机制下不敢违约，这样一种保障机制就成为有效协同各方行为的关键。显然，依赖于常规的法律手段不够高效，因为社会治理过程中的许多违约行为达不到违法的门槛，并且诉讼周期与成本的代价使这一惩戒机制不具有太高性价比。这时，非法律的解决机制便有了自身的价值，波斯纳指出"对于复杂和不确定的合同来说，当事人各方通过非法律机制来防止机会主义，比法院通过法律机制来达到同样的目的要更为有效。"① 在社会治理过程中，由于主体数量众多、相关机制不完善等因素，各方的权责划分难以具体量化，因此运用法律的手段来解决问题，无论从时间还是金钱的角度来看都缺乏足够的效益。通过声誉受损、限制合作、伦理惩戒等非法律惩戒机制提高违约成本，使得社会治理主体在合作关系中能够作出理性选择，为了获得长久的利益而主动履行相关治理职责，进而提升社会治理效能。因此，有效的惩戒机制是影响社会治理效能的重要因素。

---

① 波斯纳. 法律与社会规范［M］. 沈明，译. 北京：中国政法大学出版社，2004：97.

三、社会治理过程是否规范有序

社会治理过程规范秩序的缺失将会导致公民性的缺失。公民性即公民主动参与公共事务的自觉意识，当社会治理过程的规范秩序无法得到保障时，公民的利益可能随时受到侵犯，公民便会尽可能地减少参与公共活动的频次，以谋求自身利益不受损害。"公民性较弱的地区的国民没有别的办法可以解决霍布森式的公共秩序困境，因为他们缺乏在公民性强的地区里有效运行的互惠合作的水平联系。"① 而在社会治理过程规范有序的地区，民众可以参与到社会治理政策的制定、行动方案的实施、后续结果的跟踪反馈等过程中，极大地提升了社会治理主体的参与感，也锤炼了社会治理主体的参与能力。

社会治理需要具备有效的监督。一个高效运转的社会治理体系既需要外部监督，也需要内部监督，只有把权力关进制度的笼子里才能更好地发挥其效能。社会治理过程依靠主体自觉，自发的治理才是更有效的治理，自发的治理能够有效削减强制执行的成本，同时形成主体参与能力锻炼与治理体系更加完善的正向循环。有效的追偿机制是社会治理过程规范有序的重要标志，如果违约者不会受到任何惩罚，或者违约者以较低的成本便可应对相应的惩罚，那就意味着任何一个社会治理主体都有了足够强烈的动机去背叛集体行动，搭便车的现象将在社会治理过程中不断涌现，社会治理效能将

---

① 帕特南. 使民主运转起来 [M]. 王列，赖海榕，译. 南昌：江西人民出版社，2001：130.

无法得到提升。而追偿机制的目的便是有效增加社会治理主体承担的放逐成本，使其不敢轻易退出合作关系，而是通过规范自身行为等信号向集体传达正面信息，从而向其他主体证明自己是值得信赖的合作伙伴，并获得合作盈余。

第三节　社会治理效能提升中的社会资本作用

社会治理效能的影响因素包括协同性、秩序性、资源整合程度等三个方面。社会资本作为一种关系嵌入型资源，首先可以协调主体间关系，以伦理规范行为并塑造行动秩序，以信任传递资源。由此，有助于提升社会治理效能。

一、社会资本塑造社会治理多元主体间的协同关系

社会资本通过促成利益共同体、锤炼主体合作意识、凝聚主体价值共识的方式，塑造了社会治理多元主体间的协同关系。

（一）结成基于平等互信互惠关系的利益共同体

信任是促成个体合作的重要因素，波斯纳教授认为"只要每个人都具有低贴现率，都对其他人过去的行为拥有充分的信心，都选择一种充分合作的策略，合作就是可能的"[①]。充分的信任是结成利

---

① 波斯纳.法律与社会规范［M］.沈明，译.北京：中国政法大学出版社，2004：21－22.

益共同体的重要条件之一。古罗马政治家西塞罗同样认为"共同体就是人民的事务，但人民并不是以随便一种方式组织起来的随便的一群人，而是由在法律和权利问题上达成的共同意见与互利互惠地参与的愿望统一起来的相当数量的人的集合"①。显然，当共同体内的成员各有不同的看法、倾向时，共同体便难以达成有效的、可实施的行动纲领。只有当不同成员间能够消除分歧，制定共识性纲领，共同体才能够有效地发挥作用。在社会治理场域中，不同主体以及不同主体内部，在面对责任归属、利益分配、权限设置等重大问题时都会存在着巨大分歧，这些分歧的存在严重阻碍着社会治理政策的制定，影响着社会治理政策实施的效果，最终制约着社会治理效能的提升。因此，如何有效破解成员间的分歧，如何整合集体的力量，就成为解决问题的关键。

根据霍曼斯的小型基础群体理论，不同个体倾向于选择具有相似社会位置的成员进行互动。也就是说，不同社会个体倾向于选择具有平等社会地位的成员进行互动。因此，特定的关系丛中的成员具有天然的平等性。基于这种天然的平等性，社会关系中的成员便有利于结成互惠互利关系的利益共同体。相比于其他类型的资本，社会资本的积累速度较快。物质资本的积累需要付出必要的社会劳动时间，人力资本的积累需要高昂的培训成本，此类资本的积累都受限于客观现实条件，只可呈算数速度增长。而社会资本则不同，个体既可以通过互动的方式与他人建立直接联系，还可以借用他人

---

① 帕特南. 使民主运转起来 [M]. 王列，赖海榕，译. 南昌：江西人民出版社，2001：134.

的社会关系为自身提供社会资本，建立间接联系，即通过相互介绍的方式，社会资本可以呈指数速度增长。正是由于社会资本获取速度的相对优势，即使个体在没有现实诉求的情况下，也会主动寻求与他人建立联系并进行互动，作为自身的社会资本积累以备用。可以理解为，社会资本的获取成本是相对较低的，而社会资本又具有极强的互惠性。因此，当个体间维持了社会资本的存在时，不同成员便结成了一个紧密团结的利益共同体。现实生活中往往存在着不同的社会网络，这些网络大多是人们因共同利益而结成特定的社会关系网络，如业主委员会、消费者协会、环保协会等等。在这些社会网络中的个体不仅会围绕共同关注的焦点问题而进行互动，还会围绕与个人相关的其他方面的问题与组织成员进行互动。如业主委员会中的成员不仅会围绕社区治理问题与其他成员进行互动，还会将其所具有的社会资本带入互动之中。通过成员之间的互动，形成了特定范围内的利益共同体。共同体内的成员通过相互借用资源实现利益最大化，但资源的借用同样需要付出一定的精力和成本，以维持成员间的互惠关系。由于社会资本是嵌入在社会关系中的资源，因此维持社会资本的正常运转实质上也就是维持社会关系的正常运转。与使用其他类型资本的相对成本不同，除了对等的资源交换成本，个体还需要付出维持社会关系的情感、精力等主观层面的成本。反之，情感关系的加强又促进了社会资本的进一步积累，其他成员所拥有的社会资本也会变为共享型的资源，由强关系丛内的成员共享，从而形成了一个正向循环的互惠关系体。

（二）锤炼主体间的合作意识和集体理性

作为一种嵌入社会关系中的资源，社会资本的获取和使用仅凭社会治理主体个体的单打独斗显然无法实现，要想突破社会圈层的限制，获取更加长远的发展，就必须主动与其他主体进行互动、沟通，从而建立合作关系。在互动、沟通、合作的过程中，社会治理主体的合作意识和集体理性才能得到有效地锤炼。

所谓集体理性，是指主体出于集体利益长远发展的角度，对资源的合理分配与对集体发展的有序规划。威廉姆·庞德斯通（William Poundstone）曾以生物自然演化为例，生动诠释了集体理性的内涵：

"假定有一个物种，它们由于本能而共享食物。这个物种只有一个固定数量的食物源，它们会很公平地分配这些食物，在食物匮乏的情况下还会留出一些供将来使用。这就是一种集体的理性行为，用以满足集体的需要。"①

这即是说明，面对数量有限的食物，假设某一物种能够公平地分配食物，就能避免由于恶性竞争造成的底端生物死亡现象。同时，在食物匮乏的情况下，该物种依然能够留出部分食物用以储备，从而保障了日后的长远有序发展。这样一种基于公平分配与长远规划的行为便称为集体理性。"依据经济学家最简版本的理性概念，说一

_____

① 威廉姆·庞德斯通. 囚徒的困境：冯·诺伊曼、博弈论，和原子弹之迷 [M]. 吴鹤龄，译. 北京：北京理工大学出版社，2005：271.

个人是理性的即意味着他对一系列选择拥有完整的、一贯的、有序的（transitive）偏好"①，诸如此类偏好的形成需要日常生活中行为规范的长期锤炼，规范社会资本为个体的行为选择提供了有效的伦理规约，信任社会资本使个体更倾向于选择合作共赢的价值偏好，而网络社会资本则扩大了个体的利益传导范围，通过切实可见的利益回馈坚定了个体对行为规范的长期坚守。也就是说，社会资本从多角度培养了主体基于信任基础上的合作意识与基于规范基础之上的集体理性，使主体逐渐被锤炼并形成了完整的、一贯的、有序的价值偏好。

合作意识是指社会治理主体对治理行动及其行为规则的认同感，是产生合作行为的重要基础。在囚徒困境中，主体通常会选择背叛合作的行为来为自己赢得更多利益，但是如果能够摒弃欺骗行为，采取合作共赢的策略，往往会带来更多的收益，集体行动理论的研究者往往认为"在囚徒的困境中，导致有最好的集体结果的另一个策略叫作合作。"② 合作意识是社会治理主体在作出行为选择决策时的重要动机激励，能够有效地进行合作也是判定社会治理效能的重要依据。

"人类社会就是一个在重复不断地相互作用的人群。某些相互作用中必须在自身利益和集体利益之间作出选择。是否经常相互合作

① 波斯纳. 法律与社会规范［M］. 沈明，译. 北京：中国政法大学出版社，2004：18.
② 威廉姆·庞德斯通. 囚徒的困境：冯·诺伊曼、博弈论，和原子弹之迷［M］. 吴鹤龄，译. 北京：北京理工大学出版社，2005：127.

是社会能否有效地行使其职能的一个度量。"①

　　合作意识的培养靠的不是政府的宣传引导，更不是法律的强制性。合作意识是在人们长期的行为选择过程中形成的。合作意识的产生首先需要主体对于合作规范的主动遵守，无论是社会资本的获取还是维护都需要遵循一定的规范，如乐于助人、互惠互利等原则是获取社会资本必不可少的条件，通过对这些规范的遵守，人们自然养成了合作的意识。

　　社会资本的获取与使用，本质上是一种群体间社会资源互换。当个体获取嵌入在社会关系中的社会资本时，就要与其他成员分享其所拥有的关系网络，从而使这一合作得以长久进行。假如个体背离了合作精神，采取以邻为壑的策略来损害他人利益从而维护自身的短期利益，那么他将被排除在后续的合作范围之外，失去继续发展的机会。因此，具备良好社会资本存量的个体将会主动为他人考虑，并且思考如何通过合作使集体利益最大化。久而久之，在长期的资源互换与合作的过程中，主体便具备了合作的思维惯性和集体理性。

　　"大多数采取'分隔'策略的贪心者最终会被发现、会被斥为'厚脸皮的机会主义者'。当然，谁也不能保证您采用'联合'策略时的受益人将来会以某种方式进行回报，也不能保证您的良好行为会使您得到利益。就像所有有价值的投资一样，投资于社会资本也

---

① 威廉姆·庞德斯通. 囚徒的困境：冯·诺伊曼、博弈论，和原子弹之迷 [M]. 吴鹤龄，译. 北京：北京理工大学出版社，2005：292.

有风险。然而，采取'联合'策略是获得长期成功的要求，如果把'联合'策略作为自己的工作方法，人们就会建立起一种有生产力的合作、信任与'互惠'文化，不断地为客户、同事、组织和自身创造出价值。"①

也许合作的联合行动策略不能保证绝对的成功，但是分隔的投机行为绝对会招致其他主体的反感，从而遭到多主体的抵制，造成绝对的失败。因此，主动与他人进行合作，摒弃搭集体便车的思维习惯是获取成功的关键要素。在社会治理过程中，当不同主体采取联合策略去解决问题时，能够更加省时、省力，避免了权责上的不明造成的行动迟缓，削减了信任缺乏造成的额外监督成本，获取了其他主体所带来的附加价值，从而有效提升了社会治理的效能。

（三）凝聚多元主体关于治理行动的价值共识

社会治理行动需要将大量具有不同成长经历、价值观念、专业技能等特质的人员聚拢在一个共同的任务下工作，因此将不可避免地遇到如何平衡组织目标与个人愿望的问题，德鲁克指出"每个组织都需要在秩序、灵活及个人的机会之间进行平衡。每个组织都需要一个为其任务及其要求所决定的结构，也就是说，需要一个实质上为各种构成规则所决定的结构。"② 社会资本通过提升主体参与

---

① 贝克．社会资本制胜——如何挖掘个人与企业网络中的隐性资源［M］．王晓冬，译．上海：上海交通大学出版社，2002：136－137.

② 彼得·德鲁克．社会的管理［M］．徐大建，译．上海：上海财经大学出版社，2003：83.

度，有效增强了社会治理主体对于治理行动的认同感、归属感，凝聚了多元主体的价值共识。

社会资本能够凝聚多元主体关于治理行动的行为选择共识。只有采取被社会广泛接受的，符合道德规范的行为选择才会促成社会治理行动的成功，反之即使共同体采取了有效的集体行动，但假如该行动是在违背诚信、法律的条件下进行的，那么这一行动不仅不会取得成功，反而会付出沉重的成本。因此，为了集体利益的最大化，采用符合道德规范、积极向善的行为选择便成为社会治理多元主体的行为选择共识。社会资本通过平等互惠、合作共赢的价值策略，能够实现主体共同利益的最大化，有效激发社会治理行动主体采取互利合作的价值共识。

社会资本能够凝聚多元主体关于治理行动的失当行为惩罚共识。当共同体内的成员采取了失当的非理性行为，并损害了集体的利益后，共同体内的其他成员只有共同抵制该成员，将其排除在今后的合作范围内，才能有效杜绝此类行为的继续发生。在社会治理过程中，一旦有主体做出了失当行为，各主体便会达成抵制该成员的共识，以维护自身的利益，这样能够尽可能地减少共同体的失信风险。社会资本以其信息传递的便利性，使得治理主体在做出违约行为后难以逃脱社会关系网络的束缚，从而增加主体的违约成本，这样一来，社会资本关系越紧密的共同体内部对于失信惩罚的共识越发强烈。

二、社会资本促进社会治理资源的有效整合

社会资本蕴含的共享原则、普遍互惠原则与桥接机制能够从不

同维度促进社会治理资源的有效整合。

（一）共享原则促进稀缺性资源跨组织边界流动

组织边界即指一个组织所具有的独特的交往规则、行为标准、文化观念等要素，是一个组织区别于其他组织的重要标志。组织边界的存在使得社会中不同类型的社会组织，或是同一类型但分属不同层级的组织之间形成了壁垒森严的等级划分，组织之间合作意愿微弱，资源难以有效流转，导致了不同组织之间合作效率的低下。组织边界加剧了组织间的资源竞争关系，通过减少合作行为，各个组织之间处于彼此割裂的状态，处于较高层级的组织占据了大量稀缺资源，但层级较低的组织则难以得到资源，为了获取稀缺资源，低层级组织只能通过不断加剧竞争的手段来达成目的。

组织边界也催生了大量同质化组织的出现，同质化组织带来的资源同质化给组织发展带来了极大困境。一方面，同一类型资源的密集出现造成了资源的低价竞争，将社会治理资源浪费在无效的竞争中。另一方面，资源同质化也掠夺了其他领域的资源，使本可以发挥更大效益的资源无法发挥作用。破解资源同质化的关键在于实现资源异质化，打通不同组织间的壁垒实现资源流通。

社会资本促成了不同社会层级间的异质性互动。社会资本的获取和积累主要有两个途径，一是通过同一社会层级间的横向互动，与社会地位相近的个体进行同质性互动，二是通过不同社会层级间的纵向异质性互动，实现层级的跨越。通常来讲，通过同质性互动获取社会资本的速度较慢、质量较差，而通过异质性互动获取社会资本的速度相对较快、质量较高。随着生产规模的不断扩大，生产的组织化水平不断提高，组织结构的等级划分也越发明显，作为劳动生产者的首要群体与作为资源管理者的超首要群体之间的竞争也不断加剧。这时，要想超越首要群体，掌握组织内的稀缺资源，个体就必须完成对社会资本的获取与使用。但在实际过程中，由于首要群体付出一定的人力资本便能保证其基本诉求得到满足，因此首要群体中的绝大部分成员缺乏获取与积累社会资本的理性意识。但随着社会竞争的加剧，群体对资源的争夺趋于白炽化，人力资本受到极大的压榨。这时，个体将不得不谋求与超首要群体进行互动，获取社会资本，从而实现自身收益的最大化。这激励着人们通过异质性互动获取更多的社会资本，随之而来的则是不同社会层级间的频繁互动。以往，较高社会层级往往占据着大量的稀缺性资源，由于社会圈层的封闭，稀缺性资源难以实现有效流通，成为被闲置的资源。但通过社会资本搭建的桥梁，不同社会层级之间建立了沟通和互动的桥梁，以往被封闭于特定圈层的资源，也可以借助社会资本实现资源的最大化流动。

同理，社会资本也促成了不同组织间的异质性互动。这一点突出体现在占据社会稀缺性资源的教育、医疗等组织中，由于行业的相对垄断特性，以往的社会治理过程中，这些占据稀缺资源的组织缺乏主动参与社会治理的内在动力。然而通过社会资本的共享原则，这些组织可以通过与其他主体进行资源交易，获取良好的声誉，从而促进自身的进一步发展，这样便形成了主动参与社会治理的动力。

稀缺性资源流动的频率越快、范围越大，越能整合社会治理过程中的人力、物力、财力。因为稀缺性资源往往具备极强的吸附能力，能够极大地调动不同主体的参与热情，提升主体间的合作效率。

（二）普遍互惠原则激活资源性联合行动中的主体性

普遍互惠原则会使联合行动中的所有主体受益。"普遍的互惠是一种具有高度生产性的社会资本。遵循了这一规范的共同体，可以更有效地约束投机，解决集体行动问题。"① 在联合行动过程中，不同主体在互惠原则下的每一个行为都具有利他性，自身在帮助其他主体的同时，也会得到其他主体的帮助，这种期望互惠激活了每一位参与主体的主动性，行动主体不必再担心其他人的违约行为可能会对自身造成的损害，因此可以全身心地投入联合行动当中，最大限度地释放自身的效能。

假定互惠或履行补偿义务，是使用社会资本的重要前提。"互惠原则阐明了建立社会资本之所以能发挥作用，即当您运用社会资本为他人服务时，其他人也会为您服务。"② 当个体利用嵌入社会关系中的社会资本时，在本质上他并不拥有这种资源的所有权，而只拥有临时使用和借取的权利。因此，需要为这一临时使用支付一定的成本，以维持社会资本的可持续运转，避免因互惠原则缺失导致的

---

① 帕特南．使民主运转起来［M］．王列，赖海榕，译．南昌：江西人民出版社，2001：202．
② 贝克．社会资本制胜——如何挖掘个人与企业网络中的隐性资源［M］．王晓冬，译．上海：上海交通大学出版社，2002：122．

社会关系断裂，进而损害自身积累的社会资本。在微观层面的个体交往中普遍互惠原则起着重要作用，在宏观层面的国家交往过程中同样如此，韦恩·贝克在其《社会资本制胜》一书中便提到这样一个事例：

"1985 年 9 月 19 日和 20 日，破坏性的大地震摧毁了墨西哥城……国际救援组织从世界各地给受害者们送来了紧急援助。埃塞俄比亚红十字会也捐赠了 5000 美元。这一数目也许看起来不大，但埃塞俄比亚是世界上最贫困的国家之一，成千上万的人已经饿死于大面积的饥荒之中，5000 美元本可以拯救很多埃塞俄比亚人的生命。埃塞俄比亚为什么还要捐款给墨西哥城呢？心理学家罗伯特·查尔迪尼解释说：'这是因为墨西哥曾在埃塞俄比亚于 1935 年遭到意大利侵略时伸出了援助之手……投桃报李的必要性超越了巨大的文化差异、遥远的地域间隔、严重的饥荒和眼前的自我利益。'"①

这个事例说明，秉持普遍互惠的原则给予对方援助才能维持国家间关系的良性运转。埃塞俄比亚之所以能够在自身遭受重大自然灾害的情况下援助墨西哥城，就是因为埃塞俄比亚之前接收了来自墨西哥城的援助。埃塞俄比亚的此次援助并不是出于无私奉献的目的，而是包含着今后能够继续得到对方援助的期望目标，在普遍互惠原则下，每一个主体在帮助其他主体的同时，今后也会得到其他主体的帮助，在这一互助动机的驱使下，社会主体不必担心自身的

---

① 贝克. 社会资本制胜——如何挖掘个人与企业网络中的隐性资源 [M]. 王晓冬，译. 上海：上海交通大学出版社，2002：119 – 120.

付出无法收到回报，也不会作出在收到其他主体帮助后拒绝帮助其他主体的错误决定。这样，不同主体间便形成了互帮互助的良性循环，极大地激发了不同主体在联合行动中的主体性。

（三）"桥接"机制削减社会治理资源的同质性

社会治理资源的同质性根源于社会制度的同构性，社会制度又可以分为正式制度和非正式制度，个体既受到制度的约束，又受到制度的激励，通过制度的约束与激励，能够削减人际交往中的不确定性成本。同一制度场域内的个体遵循着相同的制度规范，共享着相同的社会资源，参与着共同的公共活动，导致不同的个体具有同质的特征。同理，不同组织在同一制度的驱使下也具有同质性的特征，林南认为"组织通过调节内部结构和行为模式，降低了与相同的制度所支配的其他组织相互动的交易成本。"① 也就是说，当组织将自身调整得与其他组织更相似时，能够有效降低与其他组织互动的成本，如企业更倾向于寻找与自身一样遵守诚信、公平的伙伴进行合作。因此，社会制度同构导致了社会治理主体的同质性，不同主体在选择社会治理资源时，也倾向于选择回报稳定的资源，以规避可能存在的风险，这就造成了社会治理资源的同质性。

此外，社会群体往往具有封闭性，缺乏"弱联系"。即处于同一群体内的成员，由于与外界沟通、交流的机会较少，其所掌握的信息、资源、知识等大多具有同质性。如某一公司内部的员工，其日

---

① 林南. 社会资本——关于社会结构与行动的理论［M］. 张磊，译. 上海：世纪出版集团，上海人民出版社，2005：188.

常接触范围无外乎工作搭档、客户、家人，而与其他社会主体的接触则相对有限，这就造成了其所拥有的信息、资源与其他同事并无太大差异，形成了资源的同质化。根据同质原则，社会圈子内的成员在选择互动成员时，更倾向于选择那些身份、地位与自身相近的成员。这就进一步导致了不同社会群体之间的相对独立。因此，为了打破社会群体的相对固化，削减社会治理资源的同质化，增强不同社会治理主体间的弱联系，就需要在不同的主体间建立沟通桥梁，形成有效的"桥接机制"。

"社会桥可以定义为社会网络中两个个体行动者之间的联系，桥梁的缺乏会导致一个关系丛断裂为两个分离的关系丛，每一个关系丛有两个或多个个体行动者。"①

沟通"桥梁"的缺失会导致关系丛的相互割裂，作为关系丛中的个体也难以避免地处于割裂的状态，个体间的割裂则会阻碍社会资本的获取，加剧了信息流通不畅，使社会治理资源重复性地投入同一领域之中。

三、社会资本推动社会治理自为秩序的建构

社会治理自为秩序的建立是提升社会治理效能的重要条件之一，社会资本所蕴含的关系契约与追偿机制有利于推动社会治理自为秩序的建构。

---

① 林南. 社会资本——关于社会结构与行动的理论［M］. 张磊，译. 上海：世纪出版集团，上海人民出版社，2005：68.

（一）　自为秩序可以削减社会治理过程不确定性及相应成本

自为秩序是社会治理行为主体普遍自觉的理性行为选择的结果。信任与规范是建构自为秩序的重要条件。信任关系的存在，给交易双方以安全感，不会担心对方会利用自己率先行动的弱点而使自己在交易过程中陷入不利地位。而这种自觉的行为选择是符合共同行为约定的，即共识性行为规范。科尔曼进行了这样的对比：

"信任程度较高的卖主将具体陈述自己的承诺，他的保证可能采取各种方式，甚至延续到以后的交易中才兑现。信任程度较低的卖主以更多的承诺做成信任程度较高的卖主以较少承诺便可做成的交易。信任程度较低的卖主只有在信任程度较高的卖主将货物售完以后，才能从事交易。"①

通过优先交易、延迟兑现等相对优势，享有较高信任程度的卖家付出相对较少的成本便可以达成同样的目标。在此，信任程度较高的卖家与买家之间形成了基于信任社会资本的自为秩序，买家不必担心卖家不诚信交易的问题，卖家也不必花费过多成本用于维持、拓展客户，这样的自为秩序对双方来说都有效削减了交易过程中的不确定性及交易成本。同理，社会治理也是一个多主体协商解决问题的过程，治理过程中各主体间的互不信任严重增加了社会治理的成本，阻碍着社会治理效能的提升。但是，当社

---

① 科尔曼. 社会理论的基础（上）[M]. 邓方，译. 北京：社会科学文献出版社，1999：125.

会治理的不同主体达成了基于信任社会资本的自为秩序后，便可有效避免不同主体间的相互猜疑现象，提升相关行动方案的可行性，削减社会治理政策制定过程中的不确定性，从而削减了社会治理政策制定、实施过程中的谈判成本、监督成本、违约成本，有效提升社会治理效能。

（二）关系契约为自为秩序建构提供伦理规范基础

关系契约是以良好声誉为基础，以互惠合作为价值导向的一种契约关系形式。关系契约通过协同主体行动，从而为自为秩序提供伦理规范基础，关系契约内的成员出于利益最大化的考量将会采取协同一致的行为选择，以提高集体行动的效率，从而获取更高的收益。关系契约通过声誉成本来约束成员行为，只有成员具备良好的声誉，才有条件与其他成员达成契约关系，声誉的积累意味着成员付出成本的增加，为了避免损害自身的声誉，成员将主动规范自身行为，从而为自为秩序建构提供伦理规范基础。关系契约通过调动治理主体积极性为自为秩序建构提供伦理规范基础，实现公众自我治理是提高社会治理效能的必要条件，在社会治理过程中存在的不平等交换、不均衡分配、不合法漏洞等问题都严重削减着公众参与社会治理的热情。而获取社会资本的重要条件之一是互惠交换，也就是说当个体获取社会资本的那一刻起，他就必定要承诺"自己的资源可以作为他人的社会资本来使用"。① 当个体背离了这一原则

---

① 林南. 社会资本——关于社会结构与行动的理论［M］. 张磊，译. 上海：世纪出版集团，上海人民出版社，2005：138.

时，不仅在此次交换过程中的社会资本会受到损失，而且还会通过社会关系网络影响到他与其他人之间的社会资本。因此，在社会治理过程中，各参与主体一旦确立了彼此间的社会资本联系，就意味着各主体之间形成了一种相互"认可"的关系。在认可关系前提下，契约的形成就具备了牢固的基础。"复杂社会的运行依赖于很多的承诺、契约和安排。"① 在现代社会，寻找到可靠的合作伙伴需要极高的成本，陌生人网络往往具有很大的不确定性，契约的形成缺乏现实基础，这也解释了为什么许多用人单位更喜欢通过"熟人介绍"的方式来招录员工。因此，当社会治理主体寻求相互间的社会资本时，他们必须提升自身的契约意识，秉持互惠交换的原则与他人进行互动，从而达成利用社会资本追求利益最大化的目的。社会治理主体参与能力的提升是建构自为秩序的重要基础，通过对伦理规范的遵守，社会治理主体提升了自身的关系契约意识，具备了自我管理的条件，有利于自为秩序的形成。

(三) 追偿机制提高拒不兑现承诺者的行为选择代价

在任何合作关系中都难以避免地会出现欺骗行为，其原因无外乎是违约成本的低廉、监督追偿机制的不完善，使得个体产生了违反合约的动机。只有建立有效的追偿机制，提高拒不兑现承诺者的行为选择代价，才能有效降低违约行为的发生。

社会资本网络会对那些不遵守行为规范的行动者启动追偿机制。

① 林南. 社会资本——关于社会结构与行动的理论 [M]. 张磊，译. 上海：世纪出版集团，上海人民出版社，2005：150.

当行动者为了个人利益而拒不履行合约或是拒绝为其他成员提供帮助时，该行动者在今后的行动中也将无法得到被拒者的帮助，因为该行动者失去了自身的声誉，变得"不可信"。同时，通过网络社会资本的分享传导机制，该行动者的不诚信行为也会被关系网络中的其他成员所熟知，从而在今后的行动中变得寸步难行。"在某些情况下，受托人违背诺言可以获利，对受托人而言，这是一种短期行为。从长远看，受托人的利益会因委托人永远丧失对他的信任而蒙受损失。"① 虽然通过背信方式获得了个人的短期利益，却失去了今后社会网络中他人的帮助，这将严重制约着个人的发展，使个体付出沉重的行为选择代价。

追偿机制虽然不是正式制度，但对拒不兑现承诺者的惩罚措施却十分有效。"公民共同体合作的社会契约基础，不是法律的，而是道德的。对违规者的惩罚也不是法律的，而是被排除在社会团结与合作的网络之外。规范和期望起着重要的作用。"② 虽然通过追偿机制无法给予违约者立竿见影的财富剥夺或是人身自由限制，但对于公民共同体内的成员来说，获取社会资本需要同样付出许多成本，而追偿机制剥夺的便是违约者的社会资本。通过将违约者排除在合作网络之外，违约者既失去了已有的信誉与社会资本存量，又失去了进一步发展的机会，付出了沉重的行为选择代价。

波斯纳教授指出："在一个不存在法律和最低限度的世界中，某

---

① 科尔曼. 社会理论的基础（上）[M]. 邓方，译. 北京：社会科学文献出版社，1999：114.
② 帕特南. 使民主运转起来 [M]. 王列，赖海榕，译. 南昌：江西人民出版社，2001：215.

种秩序仍然会存在……这种秩序大约会表现为对于社会规范的日常遵守和对违规者施加的集体性惩罚。"① 波斯纳教授所指的秩序即社会生活中的集体行为规范，社会规范的有序运行以正向的激励机制与逆向的惩罚机制作为保障，通过对拒不兑现承诺者的惩罚，使其蒙受声誉上的损失直至被驱离于共同体之外，从而提高违规者的失范行为选择代价。

第四节 社区治理：基层社会治理效能实践中的社会资本

社区治理是基层社会治理的有机组成部分，也是社会治理的基本单元。当今的社会治理及其效能对治理体系和治理能力都提出了更高的要求。治理主体系统内部协同有序是提升能力和创造效能的关键。社会资本的引入，无疑为多元主体间关系问题的梳理提供了全新的分析视域、研判工具与建构逻辑，也顺应了当前社区治理对道德自律性、自为秩序性、协同互动性的更高追求。

一、社区治理

社区治理作为基层社会治理实践是多元主体共同参与的治理集体行动。"社区"是出自西方社会学的概念，也译为"共同体"，由

---

① 波斯纳. 法律与社会规范［M］. 沈明，译. 北京：中国政法大学出版社，2004：3.

滕尼斯在《共同体与社会》中首次提出，并将这种人们共同生活的组织形式看作是由社会人际关系组成的有机体。在中国，"社区"主要有两种解读方式，除社会学意义上的"生活共同体"外，在行政学意义上它则指的是社会治理与公共服务权责的空间边界。在边界内，居民依特定原则与程序推选产生常设代表机构，即"社区组织"，它在文化、医疗、养老等领域履行"普查""宣传""反馈"等管理与服务职能。虽然社区组织以自我管理、自我服务为宗旨而存在，彰显着社区自治精神，并在社区生活、社区发展中扮演着非常重要的角色，但现代社区居民对公共产品与服务高质量多样化的需求绝非一个社区组织及其少量的工作人员所能满足的。社区组织功能的发挥需要法律与政策的支撑，需要其他社会组织及企业的支持，更需要广大社区居民的积极参与和奉献。由此，便形成了当下围绕社区事务而建立的多元治理格局，社区治理也成为多元主体共同参与的治理性集体行动。从结构功能主义视角来看，社区治理多元主体间关系结构将影响社区治理的实际效能。因此，中外学者对社区治理中的社会资本问题都给予了高度的关注。例如，中国学者燕继荣这样看待社区社会资本在推动社区治理制度创新中的作用：

　　"社区层面的社会资本投资的目标在于提高社区的凝聚力，增强社区和谐一致，促成社区成员之间的信任与合作，换句话说，在于增强社区集体行动的能力。可以设想，如果社区居民能够形成互动、互信、互助的机制，那么，社区自我组织、自我管理的障碍就应该可以克服，以'共管共治''民主治理'为核心的治理创新制度就找到了新的需求。"①

美国学者帕特南更是系统地评价了社区社会资本的积极意义：

"①社会资本能够让公民更加轻松地解决集体问题，在一定程度上克服所谓的'集体行动的困境'。②'社会资本是社区前进车轮的润滑剂'，在人们能相互信任，以及在社会成员可以重复互动的地方，日常的商业和社会交往的成本将会大大降低。③社会资本拓宽了我们的认知，培育我们的健康人格……④社会资本还通过心理和生理的过程来提高人们的生活……总之，社会资本让我们变得更加聪明、更加健康、更加安全、更加富足，以及更有能力去管理一个公正而稳定的民主社会。"②

二、效率与成本：社区治理效能的衡量尺度

社区治理效能是一个包含了过程与结果、投入与产出的综合性概念。从结果来看，效能揭示着社区治理的最终效果；从过程来看，效能则反映着达到这一最终效果所实际支付的资源成本及时间投入。效率与成本是影响社区治理效能的两个必要条件。如果我们能在更短时间内取得令人满意的社区治理效果，那么这一行动过程就是高效率的。如果我们能以更少的人力、物力、财力等资源投入换取同样优质的社

---

① 燕继荣. 社区治理与社会资本投资——中国社区治理创新的理论解释 [J]. 天津社会科学，2010（3）：64.

② 帕特南. 独自打保龄——美国社区的衰落与复兴 [M]. 刘波，祝乃娟，张孜异，等译. 北京：北京大学出版社，2011：4.

区治理效果产出，那么，这一行动过程就是低成本的。显然，作为衡量社区治理效能的两个重要尺度，效率与成本应该是成反比关系的，即只有高效率、低成本的社区治理才能称得上是高效能的社区治理。

效率与成本之间也时常会呈现同步累进（退）或逆向反比关系。正如上文所述，"效率"与同样产出所耗费的时长有关，揭示的是社区治理效能的时间要素；"成本"与同样产出所耗费的资源有关，揭示的是社区治理效能的资源要素。两者必须同时兼顾，不能顾此失彼。忽视"效率"和时间要素而过度看重"成本"和资源要素，则会导致社区治理整体进程的迟滞，影响社区居民关于美好生活需要的满足。此时，效率与成本之间的关系表现为"低成本、低效率"。同样，如果忽视"成本"和资源要素而过度看重"效率"和时间要素，则会导致盲目地、不计代价地供给公共产品与服务，因此很可能影响社区服务的可持续性，最终也将影响到社区居民的切身利益。此时，效率与成本之间的关系表现为"高效率、高成本"。相对于"高效率、低成本"的应然关系而言，上述这两种效率和成本的关系状态都是非正常现象。在这里，我们称之为"同步累进（退）"状态。效率与成本之间的逆向反比关系则具体表现为低效率和高成本，即消耗了大量资源的同时，事情却没有进展。虽然这样的情况在现实治理实践中比较少见，但这种我们所不愿看到的最糟糕的情况也是有一定发生概率的。

三、社区治理效能的影响因素

（一）治理主体间关系松散影响协作

社区治理多元主体之间的关系松散且缺少有效协作是影响治理

集体行动效能的首要因素。近年来，虽然在有关于社区管理的理论和实践层面人们越来越习惯使用"社区治理"一词，但大多数实践者和少数的理论学者并未真正参透"治理"的深层内涵。也就是说，他们更看重多元参与，误以为这是"治理"与"管理"的最大区别，而殊不知"治理"的真谛在于主体间关系全面建构，以协作实现共赢，以协同提升效能。在现实当中，往往会出现多元主体间缺少沟通、缺乏互动、各自为政、体制合一而实质关系松散。社区居民与社区社会组织作为社区治理主体系统成员部分地游离于社区治理核心行动之外，处于社区治理主体系统的边缘位置。此外，城市社会生活的特质使得城市社区之间及内部的社会关系呈现更多的疏离化趋势，社区成员彼此之间沟通频率低、交往程度低，地缘信任难以建立，处于离散状态的那部分社区难以形成治理集体行动的合力。

（二）信息不对称增加集体行动成本

信息是社区治理的重要前提基础，其直接影响主体间的信任与合作。信息作为一种资源，其主要功能是通过传播来消解人、事及关系的不确定性，从而降低人们行动选择的成本，提振行为选择信心。信任不对称给社区治理行动及主体间关系带来巨大威胁。社区治理中的信息不对称经常发生在社区组织与社区居民、社区社会组织、企业之间。由于不能及时地进行信息公示，没有完善的信息交流、反馈及回应制度，加之传统偏见，治理主体间的距离感会随之增强。这不仅影响了部分主体参与决策及执行过程的能力，而且也影响着其主体意识的生成与发展。对此，阿马蒂亚·森十分重视信任背后信息的价值，"我们发现，问题不在于理性社会选择的可能性，而在于运用恰当的信息基础来进行社会判断和决策"①。

（三）重视制度之力而轻视伦理之义

制度与伦理是社区治理的两把利剑，相辅相成，缺一不可。社区治理不可过于强调制度的强制力，而忽视了伦理的道德规范作用。制度在社区治理中的作用有两个方面：其一是规范，它规定了什么可为、什么不可为；其二是约束，它以其强制力对不可为而为之的行为进行管束。当我们过度依赖强制性制度从事社区治理实践时，难免会因制度本身在人本精神、完备程度、反应速度等方面的缺欠而不得不追回更高的治理成本。伦理规范方式则不同。伦理体现的是道德律，是责任意识，是担当精神。它建构的是社区治理活动主体群体的责任体系，营造的是多元主体共同的、健康的、积极有为的精神家园。它从道德层面对行动者施加影响，使得居民的行为与社区的发展要求相一致。因此，从哲学角度来看，制度只能在器物层面满足治理的工具需要，而伦理规范则是在形而上的精神层面上引导共治的理念。当然，制度与伦理两者共同构成了"公序良俗"，两者缺一不可。

（四）重视管理网络而忽视人际网络

人际网络在社区治理集体行动效能方面的重要性要远大于形式

---

① 阿里蒂亚·森. 以自由看待发展 [M]. 任赜，于真，译. 北京：中国人民大学出版社，2002：274.

化的管理网络。随着管理工具主义的再度兴起，在社区治理实践中我们发现部分地出现了更加精细的管理层级设计。这不仅会导致前面我们所提到的治理成本的大幅度提升，而且更为严重地会在不同程度上影响社区居民主体性的发挥。他们可能会产生被"监视""看管"的被动心理和角色感受，也可能会从原本的治理主体沦落为治理的客体对象。"在现阶段社区自治尚不完备的情况下，网格化管理的推进和加强可能导致行政力量的强化、社区自我管理的弱化，而弱化社区自我管理则会对社区自治的进程产生消极影响。"① 在这种情况下，亟须营造更优质的社区人际关系网络以替代工具主义的管理网络，彰显人的社会性，恢复社区中的一切人在一切社区生活中的完全主体地位。

四、社区治理效能提升的社会资本路径

社会资本理论作为一种新范式，为提升社区治理效能提供了一条伦理性路径。一方面，社会资本具有社会关系嵌入性，它能够嵌入社区关系并通过这层关系发挥作用。另一方面，社会资本由信任、规范和网络要素构成，它们在社区治理中具有不同的功能，可以有效回应社区治理效率低、成本高，以及整体效能不高的问题。

（一）社会资本可以强化治理主体间关系

加强主体间联系是提升治理行动力和效能的前提。社区间各主

---

① 田毅鹏. 城市社会管理网格化模式的定位及其未来［J］. 学习与探索, 2012 (2): 32.

体彼此合作、相互联结，由此产生了共同体关系。这种关系样态不但能够为主体各自带来单凭个体无法获得的利益回报，而且可以降低总体治理成本，提升治理效率和效能。强化主体间关系需要从两方面入手：一是明确多元主体在治理系统和行动中的地位、角色、责任与权利；二是培育协作机制。建立由政府、社会组织、公民共同参与、共同发力的多元协同机制。

（二）社会资本以互信机制夯实社区治理基础

增进相互信任能够消除合作之间的不确定性，为化解治理矛盾奠定了基础。信任是社会资本理论赖以存在与传播的基础，它是破除信息不对称困境的根本手段。费孝通笔下的"熟人社会"本质上是信任所维系的社会，村民之间的互助与合作是以盖有信任印章的赊账单为前提基础的，他们能够省去更多的成本从而换取更高的利润。解决社区治理投入与产出的问题，实际上可以有意识地营造社区主体间的信任感，为个体提供交换信息、相互交流的机会，消除社区治理的不确定性。一是建立常态化的社区信息公开机制，保障居民的知情权、参与权和监督权，主动获取居民信任。二是提高社区主体的互动程度。通过举办社区联谊活动，完善社区听证会、协调会、评议会制度，打造相互信任的社区环境。

（三）社会资本以互惠机制补齐利益分配短板

社区治理作为一种集体行动在本质上要求多元主体互利共赢。普遍的互惠是一种具有高度生产性的社会资本，它将自我利益和团结互助结合了起来。社会资本所提供的普遍互惠机制不同于一般市场交易的均衡互惠。它不强调现时回报，而是以"赊欠单"的形式为利益补偿提供了更多的形式，为集体行动争取更多的时间、空间和机遇。共建共治共享的治理格局不仅能够冲破传统的管理的局限，而且能够使治理主体在"未来是否可以真正享受由当下付出所带来的回报"这一问题上彻底打消顾虑。

（四）社会资本有助于强化社区人际关系网络

强化人际关系网络是提升治理集体行动效能的重要保障。网络是社会资本的基本存在形式，它能够将社区治理场域中的所有人紧密地联系在一起。社区实际上就是一个网络，其内部充斥着各主体之间的关系，当网络中的主体参与积极性提高或是参与治理的水平提升时，这个网络之间的关系会更加紧密，从而提升社区治理的效率与效能。构建社区治理人际关系网络需要做到以下两点：一是提升社区主体参与治理的意愿。鼓励社区居民和社会组织积极参与社区事务，着力培养社区成员的获得感、认同感和责任感；二是拓宽居民参与社区治理的渠道。社区组织及其工作人员应当鼓励与支持各类公益社会组织参与社区事务的治理，为其提供必要的知识与能力培训机会，提高多元主体参与社区治理的能力，提供更多的交往与融合机会。

社会资本引导下的社区治理是人们开启美好生活、共创和谐社区的有效路径。社会资本以关系为切入点，以信任为基础、规范为保障、网络为媒介，不仅符合当前社区治理的实践需要，还为发现、分析和解决社区治理实践问题贡献了新视角，提供了新思路。社会资本的引入有利于提升社区治理效率、降低社区治理成本，提高社区治理的整体效能。社会资本理论在社区治理场域中体现了旺盛的生命力和强大的解释力。

结　语

本书从组织行为学的角度对社会资本的管理功能进行研究，从理论移植和跨学科应用意义来说，此项研究是兼具继承性和发展性的。在社会资本的基本认知方面，本书坚持认为理论的跨学科应用研究，首先应该尊重概念提出者的本意，厘清社会资本的原貌，在此基础上充分展现社会资本在管理场域中的强大解释力。

厘清管理及管理中的社会资本是什么，似乎还只是我们研究的一个基点。我们更关心的是实际或潜在地存在的社会资本，正在或即将给我们的管理世界带来怎样的影响和变化，这种影响又是通过怎样的功能机理得以实现的。当我们头脑中有了这样的意识并认识到社会资本可能会在不同方向、不同角度、不同程度上对组织及管理活动产生影响时，我们又该以怎样的态度和方式去面对。这恐怕应当作为功能性研究所关心和不容回避的问题而成为我们研究的逻辑起点和最终落脚点。

社会资本的功能实现得益于其稳固的要素结构和鲜明的文化特

质。在要素结构方面，社会资本的功能结构主要包括信任、规范与网络三大要素。社会资本的三大结构要素之间，彼此相互联系、互为补充，在功能实践中缺一不可。"信任"是社会资本的基础要素，开启了主体间交往合作的大门，以共识为前提的信任关系成为主体间交往关系框架的坚实基础；"规范"是社会资本的规约要素，规定着道德行为的评判标准和非道德行为的惩罚方式，规范关系也因此成为能够维系信任关系基础的重要保障力量；"网络"是社会资本的媒介要素，不仅为行为信息、资源在主体间流动提供了基本通道，而且较为形象和具体地勾勒出社会资本的基本样态和网络内部成员的基本行为轨迹。文化作为一种共识性心理倾向不仅可以指导人的行为，而且在群体的行为实践中逐渐积淀为一种观念，形成稳定价值观。从动机行为角度来看，社会资本结构功能的实现，正是得益于"信任""互惠""平等"等文化内涵所产生的强大行为动力。

社会资本稳固的内在结构与鲜明的文化特质决定了其对于管理世界来说生产性功能实现的必然性。社会资本的生产性、报偿性使社会资本超越了一般的资源属性，获得了成为资本家族成员的重要身份标识。毕竟，我们惯常认为那些不能实现价值增值的资源永远都只能称之为"资源"而非"资本"。社会资本生产性功能的实现，从解释学意义上进一步确证了在纷繁复杂的主体际关系世界社会资本及其价值存在的客观性。对社会资本的管理生产性或能产性功能研究，亦是对社会资本功能性管理价值的追问。

参考文献

经典著作

[1] 马克思恩格斯选集（第1卷）[M]. 北京：人民出版社，1995.

[2] 马克思恩格斯选集（第2卷）[M]. 北京：人民出版社，1995.

[3] 马克思恩格斯选集（第3卷）[M]. 北京：人民出版社，1995.

[4] 马克思恩格斯选集（第4卷）[M]. 北京：人民出版社，1995.

中文著作

[1] 黄晓东. 社会资本与政府治理 [M]. 北京：社会科学文献出版社，2011.

[2] 胡荣. 社会资本与地方治理 [M]. 北京：社会科学文献出版社，2009.

[3] 郭毅, 罗家德. 社会资本与管理学 [M]. 上海: 华东理工大学出版社, 2007.

[4] 曹荣湘. 走出囚徒困境——社会资本与制度分析 [M]. 上海: 上海三联书店, 2003.

[5] 李惠斌, 杨雪冬. 社会资本与社会发展 [M]. 北京: 社会科学文献出版社, 2000.

[6] 卜长莉. 社会资本与社会和谐 [M]. 北京: 社会科学文献出版社, 2005.

[7] 黎珍. 正义与和谐——政治哲学视野中的社会资本 [M]. 北京: 人民出版社, 2008.

[8] 燕继荣. 投资社会资本——政治发展的一种新维度 [M]. 北京: 北京大学出版社, 2006.

[9] 习利明. 中俄社会结构比较研究 [M]. 哈尔滨: 黑龙江大学出版社, 2020.

[10] 宫留记. 资本: 社会实践工具——布尔迪厄的资本理论 [M]. 郑州: 河南大学出版社, 2010.

[11] 马得勇. 东亚地区社会资本研究 [M]. 天津: 天津人民出版社, 2009.

[12] 吕涛. 社会资本与地位获得: 基于复杂因果关系的理论建构与经验检验 [M]. 北京: 人民出版社, 2014.

[13] 石军伟. 社会资本与企业行为选择——一个理论框架及其在中国情境中的实证检验 [M]. 北京: 北京大学出版社, 2008.

[14] 刘军. 社会网络分析导论 [M]. 北京: 社会科学文献出

版社, 2004.

[15] 吴思. 潜规则——中国历史中的真实游戏 [M]. 上海: 复旦大学出版社, 2009.

[16] 周长城. 经济社会学 [M]. 第二版. 北京: 中国人民大学出版社, 2011.

[17] 于显洋. 组织社会学 [M]. 北京: 中国人民大学出版社, 2001.

[18] 郑也夫. 信任论 [M]. 北京: 中国广播电视出版社, 2001.

[19] 宋曙, 刘明轩. 人生行为选择的艺术 [M]. 重庆: 重庆出版社, 1991.

[20] 何颖. 非理性及其价值研究 [M]. 北京: 中国社会科学出版社, 2003.

[21] 袁闯. 管理哲学 [M]. 上海: 复旦大学出版社, 2004.

[22] 张康之. 寻找公共行政的伦理视角 [M]. 北京: 中国人民大学出版社, 2002.

[23] 王海传. 人的发展的制度安排 [M]. 武汉: 华中师范大学出版社, 2007.

[24] 施惠玲. 制度伦理研究论纲 [M]. 北京: 北京师范大学出版社, 2003.

[25] 倪愫襄. 制度伦理研究 [M]. 北京: 人民出版社, 2008.

[26] 董志强. 行为和演化范式经济学——来自桑塔费学派的经济思想 [M]. 上海: 格致出版社, 上海人民出版社, 2019.

[27] 张其仔. 社会资本论——社会资本与经济增长 [M]. 北京: 社会科学文献出版社, 1997.

[28] 中国文化书院学术委员会. 梁漱溟全集 (第一卷) [M]. 济南: 山东人民出版社, 1992.

[29] 辛鸣. 制度论——关于制度哲学的理论建构 [M]. 北京: 人民出版社, 2005.

[30] 何颖. 行政哲学研究 [M]. 北京: 学习出版社, 2011.

[31] 郭济, 高小平, 靳江好, 等. 行政哲学导论 [M]. 哈尔滨: 黑龙江人民出版社, 2003.

[32] 郭济, 高小平, 何颖, 等. 行政伦理导论 [M]. 哈尔滨: 黑龙江人民出版社, 2006.

[33] 李楠明. 马克思主义哲学的理论意蕴及其现实意义 [M]. 哈尔滨: 哈尔滨工业大学出版社, 2004.

[34] 李楠明. 价值主体性——主体性研究的新视域 [M]. 北京: 社会科学文献出版社, 2005.

[35] 黄建洪. 公共理性视野中的当代中国政府能力研究 [M]. 北京: 中国社会科学出版社, 2009.

[36] 卢现祥. 西方新制度经济学 [M]. 北京: 中国发展出版社, 1996.

[37] 雷恩. 管理思想的演变 [M]. 李柱流, 赵睿, 肖聿, 等译. 北京: 中国社会科学出版社, 1997.

[38] 郑杭生, 李强, 李路路, 等. 社会学概论新修 [M]. 第三版. 北京: 中国人民大学出版社, 2003.

[39] 任平. 交往实践的哲学——全球化语境中的哲学视域 [M]. 昆明：云南人民出版社，2003.

[40] 姚大志. 何谓正义：当代西方政治哲学研究 [M]. 北京：人民出版社，2007.

[41] 康渝生. 马克思主义哲学的人学致思理路 [M]. 北京：社会科学文献出版社，2004.

[42] 艾福成，等. 马克思社会哲学的当代阐释 [M]. 长春：吉林人民出版社，2005.

[43] 芮明杰. 管理学：现代的观点 [M]. 第二版. 上海：上海人民出版社，2005.

中文译著

[1] 布尔迪厄. 文化资本与社会炼金术 [M]. 包亚明，译. 上海：上海人民出版社，1997.

[2] 科尔曼. 社会理论的基础（上） [M]. 邓方，译. 北京：社会科学文献出版社，1999.

[3] 帕特南. 使民主运转起来 [M]. 王列，赖海榕，译. 南昌：江西人民出版社，2001.

[4] 帕特南. 流动中的民主政体——当代社会中社会资本的演变 [M]. 李筠，王路遥，张会芸，译. 北京：社会科学文献出版社，2014.

[5] 帕特南. 独自打保龄——美国社区的衰落与复兴 [M]. 刘波，祝乃娟，张孜异，等译. 北京：北京大学出版社，2011.

[6] 福山. 信任：社会美德与创造经济繁荣 [M]. 彭志华，

译. 海口: 海南出版社, 2001.

[7] 福山. 大分裂: 人类本性与社会秩序的重建 [M]. 刘榜离, 王胜利, 译. 北京: 中国社会科学出版社, 2002.

[8] 伯特. 结构洞——竞争的社会结构 [M]. 任敏, 李璐, 林虹, 译. 上海: 上海人民出版社, 2008.

[9] 林南. 社会资本——关于社会结构与行动的理论 [M]. 张磊, 译. 上海: 世纪出版集团, 上海人民出版社, 2005.

[10] 贝克. 社会资本制胜——如何挖掘个人与企业网络中的隐性资源 [M]. 王晓冬, 译. 上海: 上海交通大学出版社, 2002.

[11] 鲍尔. 预知社会——群体行为的内在法则 [M]. 暴永宁, 译. 北京: 当代中国出版社, 2007.

[12] 帕森斯. 社会行动的结构 [M]. 张明德, 夏遇南, 彭刚, 译. 南京: 译林出版社, 2003.

[13] 弗雷德里克森. 公共行政的精神 [M]. 张成福, 刘霞, 张璋, 等译. 北京: 中国人民大学出版社, 2003.

[14] 艾索尔德. 行为背后的动机 [M]. 张智丰, 译. 北京: 中国人民大学出版社, 2011.

[15] 莱恩. 分裂的自我——对健全与疯狂的生存论研究 [M]. 林和生, 侯东民, 译. 贵阳: 贵州人民出版社, 1994.

[16] 科恩. 自我论 [M]. 佟景韩, 范国恩, 许宏治, 译. 上海: 上海三联书店, 1986.

[17] 布罗姆利. 经济利益与经济制度——公共政策的理论基础 [M]. 陈郁, 郭宇峰, 汪春, 译. 上海: 上海三联书店, 2006.

[18] 阿里蒂亚·森.以自由看待发展［M］.任赜,于真,译.北京:中国人民大学出版社,2002.

[19] 埃尔斯特.社会黏合剂:社会秩序的研究［M］.高鹏程,等译.北京:中国人民大学出版社,2009.

[20] 斯科特.制度与组织——思想观念与物质利益［M］.姚伟,王黎芳,译.第三版.北京:中国人民大学出版社,2010.

[21] 波蒂特,詹森,奥斯特罗姆.共同合作——集体行为、公共资源与实践中的多元方法［M］.路蒙佳,译.北京:中国人民大学出版社,2011.

[22] 罗伯逊.现代西方社会学［M］.赵明华,译.郑州:河南人民出版社,1988.

[23] 亨廷顿,哈里森.文化的重要作用——价值观如何影响人类进步［M］.程克雄,译.北京:新华出版社,2002.

[24] 博登海默.法理学——法律哲学和方法［M］.张智仁,译.上海:上海人民出版社,1992.

[25] 萨利·毕培,杰里米·克迪.信任——企业和个人成功的基础［M］.周海琴,译.北京:经济管理出版社,2011.

[26] 巴伯.信任——信任的逻辑和局限［M］.牟斌,李红,范瑞平,译.福州:福建人民出版社,1989.

[27] 卢曼.信任:一个社会复杂性的简化机制［M］.瞿铁鹏,李强,译.上海:上海人民出版社,2006.

[28] 昂格尔.知识与政治［M］.支振峰,译.北京:中国政法大学出版社,2009.

[29] 弗格森. 道德哲学原理 [M]. 孙飞宇，田耕，译. 上海：上海世纪出版集团，2005.

[30] 巴尼，克拉克. 资源基础理论——创建并保持竞争优势 [M]. 张书军，苏晓华，译. 上海：格致出版社，上海三联书店，上海人民出版社，2011.

[31] 科恩. 论民主 [M]. 聂崇信，朱秀贤，译. 北京：商务印书馆，1988.

[32] 佩特曼. 参与和民主理论 [M]. 陈尧，译. 上海：上海世纪出版集团，2006.

[33] 奥尔森. 集体行动的逻辑 [M]. 陈郁，郭宇峰，李崇新，译. 上海：格致出版社上海人民出版社，2010.

[34] 奈特. 风险、不确定性和利润 [M]. 郭武军，刘亮，译. 北京：华夏出版社，2013.

[35] 默顿. 社会研究与社会政策 [M]. 林聚任，等译. 北京：生活·读书·新知三联书店，2001.

[36] 汉迪. 超越确定性——组织变革的观念 [M]. 徐华，黄云，译. 北京：华夏出版社，2000.

[37] 尼布尔. 道德的人与不道德的社会 [M]. 蒋庆，王守昌，阮炜，等译. 贵阳：贵州人民出版社，1998.

[38] 麦金太尔. 德性之后 [M]. 龚群，戴扬毅，等译. 北京：中国社会科学出版社，1995.

[39] 拉法耶. 组织社会学 [M]. 安延，译. 北京：社会科学文献出版社，2000.

［40］萧．信任的力量［M］．王振，译．北京：经济管理出版社，2002．

［41］亚里士多德．政治学［M］．颜一，秦典华，译．北京：中国人民大学出版社，2003．

［42］康芒斯．制度经济学（上册）［M］．于树生，译．北京：商务印书馆，1962．

［43］诺斯等．交易费用政治学［M］．刘亚平，译．北京：中国人民大学出版社，2011．

［44］威廉姆森．资本主义经济制度——论企业签约与市场签约［M］．段毅才，王伟，译．北京：商务印书馆，2002．

［45］西蒙．管理行为［M］．杨砾，韩春立，徐立，译．北京：北京经济学院出版社，1988．

［46］罗西瑙．没有政府的治理［M］．张胜军，刘小林，等译．南昌：江西人民出版社，2001．

［47］威廉森．治理机制［M］．王健，方世建，等译．北京：中国社会科学出版社，2001．

［48］德鲁克．社会的管理［M］．徐大建，译．上海：上海财经大学出版社，2003．

［49］亚里士多德．政治学［M］．吴寿彭，译．北京：商务印书馆，1965．

［50］庞德斯通．囚徒的困境：冯·诺伊曼、博弈论和原子弹之谜［M］．吴鹤龄，译．北京：北京理工大学出版社，2005．

［51］博登海默．法理学——法律哲学与法律方法［M］．邓正

来，译. 北京：中国政法大学出版社，2004.

[52] 拉兹. 自由的道德 [M]. 孙晓春，曹海军，郑维东，等译. 长春：吉林人民出版社，2006.

[53] 吉登斯. 社会的构成 [M]. 李康，李猛，译. 北京：生活·读书·新知三联书店，1998.

[54] 卡西尔. 人论 [M]. 甘阳，译. 北京：西苑出版社，2003.

[55] 哈贝马斯. 交往行动理论 [M]. 洪佩郁，蔺青，译. 重庆：重庆出版社，1994.

[56] 韦伯. 经济、诸社会领域及权力 [M]. 李强，译. 北京：生活·读书·新知三联书店，1998.

[57] 弗洛姆. 健全的社会 [M]. 孙恺祥，译. 上海：上海译文出版社，2011.

[58] 内勒巴夫，布兰登勃格. 合作竞争 [M]. 王煜全，王煜昆，译. 合肥：安徽人民出版社，2000.

[59] 克雷纳，迪拉伍. 商业万象：与世界顶级管理大师的对话 [M]. 江卉，维益，译. 北京：当代中国出版社，2005.

[60] 巴克. 社会心理学 [M]. 南开大学社会学系，译. 天津：南开大学出版社，1984.

[61] 波斯纳. 法律与社会规范 [M]. 沈明，译. 北京：中国政法大学出版社，2004.

[62] 古丁，克林格曼. 政治科学新手册 [M]. 钟开斌，王洛忠，任丙强，译. 北京：生活·读书·新知三联书店，2006.

［63］格林，沙皮罗．理性选择理论的病变：政治学应用批判
［M］．徐湘林，袁瑞军，译．桂林：广西师范大学出版社，2004．

期刊文章

［1］边燕杰，邱海雄．企业的社会资本及其功效［J］．中国社会科学，2000（2）．

［2］边燕杰．城市居民社会资本的来源及作用：网络观点与调查发现［J］．中国社会科学，2004（3）．

［3］张文宏．社会资本：理论争辩与经验研究［J］．社会学研究，2003（4）．

［4］彭泗清．信任的建立机制：关系运作与法制手段［J］．社会学研究，1999（2）．

［5］徐延辉．企业家的伦理行为与企业社会资本的积累——一个经济学和社会学的比较分析框架［J］．社会学研究，2002（6）．

［6］杨中芳，彭泗清．中国人人际信任的概念化：一个人际关系的观点［J］．社会学研究，1999（2）．

［7］李培林．再论"另一只看不见的手"［J］．社会学研究，1994（1）．

［8］张文宏．中国社会网络与社会资本研究30年（上、下）［J］．江海学刊，2011（2）、（3）．

［9］赵延东，罗家德．如何测量社会资本：一个经验研究综述［J］．国外社会科学，2005（2）．

［10］赵延东．"社会资本"理论述评［J］．国外社会科学，1998（3）．

[11] 张其仔. 社会资本的投资策略与企业绩效 [J]. 经济管理, 2004 (16).

[12] 燕继荣. 社区治理与社会资本投资——中国社区治理创新的理论解释 [J]. 天津社会科学, 2010 (3).

[13] 周红云. 社会资本理论述评 [J]. 马克思主义与现实, 2002 (5).

[14] 杨东柱, 王哲. 社会哲学层次的社会资本探析 [J]. 天府新论, 2010 (5).

[15] 俞可平. 社会资本与草根民主——罗伯特·帕特南的《使民主运转起来》[J]. 经济社会体制比较, 2003 (2).

[16] 谢庆奎, 苗月霞. 社会资本与政治民主: 理论渊源与发展 [J]. 新视野, 2006 (6).

[17] 卜长莉、金中祥. 社会资本与经济发展 [J]. 社会科学战线, 2001 (4).

[18] 卜长莉. 布尔迪厄对社会资本理论的先驱性研究 [J]. 学习与探索, 2004 (6).

[19] 田凯. 科尔曼的社会资本理论及其局限 [J]. 社会科学研究, 2001 (1).

[20] 刘少杰. 以行动与结构互动为基础的社会资本研究——评林南社会资本理论的方法原则和理论视野 [J]. 国外社会科学, 2004 (2).

[21] 刘少杰. 发展的社会意识前提——社会共识初探 [J]. 天津社会科学, 1991 (6).

[22] 叶国文. 社会资本及其局限 [J]. 广西民族学院学报（哲学社会科学版），2004（4）.

[23] 符平. 论国家社会资本及其功效 [J]. 人文杂志，2003（6）.

[24] 周建国. 社会资本及其非均衡性分布的负面影响 [J]. 浙江学刊，2002（6）.

[25] 田毅鹏. 城市社会管理网格化模式的定位及其未来 [J]. 学习与探索，2012（2）.

[26] 郑也夫. 信任：溯源与定义 [J]. 北京社会科学，1999（4）.

[27] 江治平. 试论管理成本 [J]. 中国农业会计，2008，（7）.

[28] 郑小鸣. 信任：基于人性的社会资本——福山信任观述评 [J]. 求索，2005（7）.

[29] 夏金华，朱敏. "关系性资源"在当代中国发展的困境 [J]. 行政与法，2008（7）.

[30] 殷德生. 社会资本与经济发展：一个理论综述 [J]. 南京社会科学，2001（7）.

[31] 黎玉琴. 公共权力、法治与社会资本的积累 [J]. 现代哲学，2009（2）.

[32] 阎海峰，鲁直. 社会资本：认识网络组织的一个新视角 [J]. 华东理工大学学报（社会科学版），2003（1）.

[33] 周义程. 社会资本与构建和谐社会的行动逻辑 [J]. 学术

探索，2006（4）.

[34] 张清. 社会资本、权力与法治 [J]. 吉林大学社会科学学报，2007（2）.

[35] 黄相怀. 社会资本与民主发展 [J]. 科学社会主义，2006（2）.

[36] 张康之. 论集体行动中的价值、规则与规范 [J]. 天津行政学院学报，2014（4）.

[37] 张康之. 合作制组织及其治理功能 [J]. 中共宁波市委党校学报，2009（1）.

[38] 张康之. 论组织的转型：从控制到合作 [J]. 西北大学学报（哲学社会科学版），2009，（2）.

[39] 张康之. 论信任、合作以及合作制组织 [J]. 人文杂志，2008（2）.

[40] 张康之. 论组织变革的困境与出路 [J]. 教学与研究，2008（9）.

[41] 胡向明. 哈贝马斯的理性重建——交往理性 [J]. 中北大学学报（社会科学版），2005（3）.

[42] 李佃来. 论哈贝马斯的交往理性 [J]. 马克思主义哲学研究，2002（1）.

[43] 何颖. 论制度伦理的功能与局限 [J]. 中国行政管理，2007（8）.

[44] 教军章. 公共制度意义建构的诠释维度 [J]. 行政论坛，2014（2）.

[45] 李萍. 论管理伦理的问题域及决策方法 [J]. 哲学动态, 2007 (2).

[46] 杨桂华. 论社会系统的自在控制和自为控制 [J]. 哲学研究, 1998 (8).

[47] 汤正华, 韩玉启. 管理的伦理价值与伦理的管理功能——对管理伦理的一些理性思考 [J]. 江苏社会科学, 2003 (4).

[48] 赵黎青. 非政府组织：组织创新和制度创新 [J]. 江海学刊, 1999 (6).

[49] 马云志. 马克思的政治自由观 [J]. 甘肃社会科学, 2002 (5).

[50] 章政. 好的市场监管, 其标准是"活而有序" [J]. 中国市场监管研究, 2016 (1).

后 记

初次结识社会资本和布尔迪厄先生还是在二十年前我上大学的时候，因为聆听了高宣扬教授一场关于布尔迪厄社会资本理论的报告，我对社会资本理论产生了浓厚的兴趣。在那时，社会资本理论对于大多数国内学者来说还是个新鲜事物。毕业从教以后，我一直坚持从事社会资本理论研究与实践探索，希望能在自己所从事的领域内，通过学科交叉与理论碰撞，找到更多的管理与社会资本的契合点，助推社会资本的"场域"转换，从而彰显社会资本的理论魅力和强大解释力，同时也为管理相关问题的分析提供更多的视角与工具。

本书是集体合作的成果，全书由张继亮负责统筹设计及最终统稿工作。各章撰写分工为：绪论、第一章、第三章、第四章、第五章由张继亮完成；第六章由王映雪完成；第七章由王佳薇完成；第二章由张继亮和王映雪合作完成。

研究成果的出版得到了黑龙江大学重点建设与发展工作处的大

力支持。特别要感谢光明日报出版社领导及全体工作人员的倾情帮助与辛勤付出，尤其是本书的责任编辑为本书设计提出了宝贵意见。在本书即将出版之际，我们向光明日报出版社表示最由衷的感谢！同时，我要感谢我的博士导师何颖教授，是她在我学术人生最为困惑之时帮我指明了值得用一生去不懈钻研的学术方向。此外，还要感谢北大荒集团总医院肿五科和全科全体医护人员，以及袁堂坤医生、田嘉源医生，感谢你们在母亲住院治疗期间给予的精心医治和悉心护理！感谢我的家人、挚友、同事！因为有你们的理解与支持，我才可以集中精力完成此书。

此处未及言谢者甚众，然感恩之心永存！希望此书的出版，能够为社会资本的管理场域研究尽一份绵薄之力，聊表几位青年学者的求知报国心愿。由于学识所限，言失之处恳请阅及此书的专家学者提出宝贵意见。

张继亮

2021 年 6 月于黑龙江大学社科楼